AF459836

RAPPORT

SUR LES MOUVEMENS

QUI ont eu lieu sur l'Escadre de la République, commandée par le Vice-Amiral MORARD-DE-GALLES, *& sur sa rentrée à Brest ; fait aux Représentans du peuple auprès de l'Armée navale,*

PAR JEAN-BON-SAINT-ANDRÉ.

RAPPORT

Sur les mouvemens qui ont eu lieu sur l'Escadre de la République, commandée par le Vice-Amiral MORARD-DE-GALLES, *& sur sa rentrée à Brest, fait aux Représentans du Peuple auprès de l'Armée navale,*

Par JEAN-BON-SAINT-ANDRÉ.

AU moment où le Port & l'Escadre de Toulon venoient d'être livrés aux Anglais, des mouvemens dangereux se sont faits ressentir à bord de la Flotte de l'Océan, commandée par le Vice-Amiral MORARD-DE-GALLES. Chargés par la Convention nationale de remonter à la source de ces mouvemens, & d'y apporter remède, vous devez à la confiance dont elle vous a honoré, vous devez à la Nation, vous devez sur-tout aux Marins qu'on a voulu égarer, de mettre au grand jour les trames qui ont été ourdies contre le bien public; de faire connoître les mesures que vous avez prises pour déjouer les complots des méchans, & de compléter ces mesures par celles qui vous restent encore à prendre pour sauver la Marine de la République.

AVANT la priſe de Toulon, la France étoit la puiſſance maritime la plus redoutable de l'Europe. Dix-huit Vaiſſeaux de la première force, armés ſur la Méditerranée, douze en radoub ou en conſtruction, un grand nombre de Frégates, pouvoient diſputer avec avantage l'empire de cette mer aux Anglais & aux Eſpagnols réunis. Sur l'océan, la plus belle Flotte de l'univers, compoſée de vingt-deux Vaiſſeaux de Ligne, des reſſources immenſes dans les Port de breſt, de Rochefort & de l'Orient, étoient l'objet de la terreur & de la jalouſie des Anglais, l'effroi des Ariſtocrates & des Fédéraliſtes du dedans. Il falloit détruire, à tout prix, anéantir, livrer à nos plus cruels ennemis ce boulevard de notre ſûreté ; favoriſer les communications avec les rebelles de la Vendée ; doubler leurs moyens ; fournir aux partiſans de Rolland & de Briſſot l'occaſion & le prétexte de ſe réunir aux fanatiques révoltés, & de travailler de concert avec eux pour le renverſement de la République. Toulon avoit été vendu, mais l'activité & le courage de Cartaux avoient conſervé Marſeille à la France, & il n'étoit reſté aux Marchands contre-révolutionnaires de cette Ville que la honte & l'opprobre d'avoir tenté infructueuſement d'échanger la liberté du peuple pour de l'or. Les Départemens du midi, indignés d'avoir été trompés, s'empreſſoient d'abjurer leur erreur ; tous couroient en armes vers Toulon ; les hauteurs qui environnent cette Ville étoient saisies, & l'ennemi ne pouvoit faire un pas pour pénétrer dans l'intérieur du territoire de la liberté.

LES projets de Pitt & de ses complices étoient déconcertés, si la Marine de l'océan conservoit sa supériorité. Il n'étoit pas facile de corrompre les braves républicains qui composoient les équipages de la Flotte du Ponent. On mit en œuvre tous les moyens de les tromper. Les principaux agens de ces trames perfides, paroissent être ces mêmes Députés qui, chassés trop tard du sein de la convention, avoient porté dans les Départemens la rage dont ils étoient dévorés contre la République, & le désir de tout bouleverser pour se venger de ces fiers Républicains qui avoient eu le courage de les démasquer. Quelques-uns d'entre eux appartenoient aux Départemens formés de la Division de la ci-devant Bretagne. Leur correspondance mensongere & calomnieuse avoit dès long-temps préparé les esprits à seconder leurs vues criminelles. Kervélégan, Blad & Gomaire avoient alarmé le Finistère sur le sort de la Convention ; ils écrivoient qu'ils n'étoient pas libres, qu'ils délibéroient sous la hache des assassins ; ils ajoutoient que quand leurs lettres parviendroient, peut-être ils n'existeroient plus. C'est ainsi que Gensonné s'énonçoit dans les lettres qu'il écrivoit à Bordeaux. Le ton & l'expreſſion des conſpirateurs étoient les mêmes par-tout.

LES Villes principales avoient recueilli avec avidité le poiſon diſtribué par ces corrupteurs. Rennes, l'Orient, Vannes, Saint-Malo, Nantes & Quimper s'étoient fédéraliſés. Les bons patriotes, les uns trompés, les autres perſécutés, ne pouvoient plus faire entendre leurs voix. La contre-révolution étoit faite ſur terre. Que manquoit-il ſi l'on parvenoit à la faire ſur mer?

BREST étoit ſurtout l'objet de la convoitiſe des chefs de la faction; ils avoient fait des tentatives inutiles pour être reçus à St. Malo. Leurs propoſitions avoient été rejetées avec horreur. Sûrs de Marſeille & de Toulon, comptant ſur le ſuccès des menées de leurs complices à Bordeaux, ils aſpiroient à s'emparer encore du premier Port de la République. Comment la ville de Breſt avoit-elle pu oublier ſon antique gloire? L'un des plus fermes appuis de la Révolution en 1789, elle avoit contribué puiſſamment en 1792, à la chute du trône; elle avoit demandé avec énergie la mort du Tyran & l'établiſſement de la République. Breſt étoit la ville des hommes libres, & le retour des anciens priviléges, ſous quelque forme, ſous quelque couleur qu'ils ſe préſentaſſent, devoit révolter ſa fierté, & indigner ſon Patriotiſme. Il n'eſt pourtant que trop vrai que Breſt a donné dans l'égarement. Une force départementale eſt partie de ſes murs pour aller protéger les Députés fugitifs, retirés dans le Calvados, & vous avez la preuve écrite de la main d'un de ces traîtres, qu'ils travailloient à mettre cette ville en inſurrection, & qu'ils eſpéroient d'y trouver un aſyle contre la vengeance nationale. Ce n'étoit cependant pas le crime du Peuple, toujours bon, toujours juſte, qui veut la paix & le bonheur, & qui ne peut trouver l'une & l'autre que dans le maintien de l'ordre public. Mais à Breſt, comme ailleurs, il exiſtoit des hommes pour qui la Révolution étoit un objet de ſpéculation bien plus que de patriotiſme, & qui n'avoient conſenti à adopter les principes de la Liberté, que ſous la condition tacite que ce ſeroit à leur profit, & qu'ils prendroient la place des privilégiés qu'ils haïſſoient, non par un ſentiment de juſtice & d'humanité, mais par un ſentiment d'amour-propre & d'orgueil. Ces hommes étoient les guides, en quelque ſorte, de l'opinion. Membres & Orateurs de la Société populaire, ils ſe ſervirent de leur influence pour accréditer le ſyſtême dangereux des ennemis du peuple. Ils conduiſirent par degrés ce peuple à conſpirer contre lui-même. Ils firent plus, ils ſe déclarerent ouvertement les ſoutiens & les protecteurs des Députés proſcrits ; & quand il leur fut démontré qu'il y avoit du danger pour eux de ſe montrer à découvert, ils n'en perſiſtèrent pas moins dans leurs projets. Ils y mirent seulement plus de mystère, ils favorisèrent l'évasion des factieux, leur fournirent une barque pour les transporter dans la riviere de Bordeaux, les accompagnèrent de nuit jusqu'au lieu de l'embarquement, & mirent à enfreindre les loix toute cette application de leur esprit dont ils faisoient usage à la tribune pour répéter sans cesse qu'il falloit les défendre contre les prétendus désorganisateurs qui n'en vouloient pas. Les autorités constituées de Brest, le District, la Municipalité, les Tribunaux, ou préparèrent le piége, ou y donnèrent tête baissée. Or, quelle ne devoit pas être sur la Flotte l'influence de l'erreur, volontaire ou non, des Autorités constituées ?

Les Fédéralistes donnoient la main à l'aristocratie, & la même remarque qui a été faite par rapport à la flotte de Toulon, s'applique à celle de l'océan. Le choix des Officiers, en supposant qu'il ait été fait avec réflexion, ne peut être attribué qu'à la plus perfide malveillance. Des ci-devant nobles, des officiers de l'ancien corps de la Marine, qui s'intituloient avec un faste servile du nom de *Marine Royale*, jusqu'à des hommes soupçonnés d'émigration ou de complicité avec les Rebelles de la Vendée, avoient obtenu l'honorable emploi de conduire au combat des Républicains. Revêtus de leur ancien uniforme, ou alliant avec le nouveau les boutons & les distinctions de l'ancien, on les voyoit ſur leurs bords braver ouvertement l'autorité nationale, enfreindre la loi, quand ils réclamoient, au nom de cette même loi, l'obéiſſance paſſive de la part des équipages. Inſoucians & inactifs, ils faiſoient le mal qu'ils n'empêchoient pas, & ſe mettoient peu en peine de gagner la confiance, par cette conduite ferme & courageuſe qui maintient la diſcipline par la vertu & le patriotiſme des Chefs.

On doit ajouter à cela, que de grandes fautes ont été commiſes de la part du Gouvernement. La ſtation de Quiberon, aſſignée à la flotte, étoit mauvaiſe ſous tous les rapports. Mauvaiſe politiquement ; la côte adjacente, peuplée de fanatiques, où l'on avoit ſouffert qu'on recrutât, pour ainſi dire, publiquement pour la Vendée, où les Aſſignats étoient ſans valeur, où la monnoie métallique au coin de la République, avoit même une valeur très-inférieure à celle qui portoit l'effigie de l'ancien Tyran, où le Matelot expoſé chaque jour à des ſéductions, ne ſe procuroit que difficilement les objets néceſſaires à ſes beſoins, préſentoit mille dangers. Mauvaiſe militairement; car outre l'inconvénient de laiſſer dans l'oiſiveté d'un mouillage, ſe conſumer & s'éteindre l'ardeur des Défenſeurs de la Patrie, qui, dans une croiſière active, auroient pu porter les coups les plus funeſtes au commerce de l'Ennemi, il étoit poſſible que la flotte, attaquée par les Anglais, fût réduite à la néceſſité de s'emboſſer & de ſe brûler, pour ne pas tomber entre leurs mains, & que la Marine Françaiſe fût détruite en un jour. Mauvaiſe enfin, ſous le rapport de la diſcipline, puiſque des hommes utilement occupés de leurs devoirs, ne ſongent qu'à devenir meilleurs chaque jour, tandis que l'oiſiveté mine ſourdement toutes les vertus, & conduit à l'erreur ou à l'égarement les ames même les plus fortes.

D'APRÈS divers rapports, il paroît qu'il avoit été fait aux Matelots ſur la côte de Quiberon, des propoſitions qui ne tendoient à rien moins qu'à la perte de la flotte. On leur avoit offert de l'or, s'ils vouloient couper les câbles des vaiſſeaux; on avoit promis qu'ils ne manqueroient de rien, s'ils vouloient être parjures à leurs ſermens. Qui eſt-ce qui faiſoit ces offres? des femmes. Mais par qui étoient-elles ſuggérées? Pourquoi la communication avec la terre, quoiqu'elle ait été défendue, n'a-t-elle jamais été ſérieuſement interrompue? Pourquoi les Chefs n'ont-ils pas tenu ſévèrement la main à ce que leurs ordres à cet égard fuſſent exécutés? N'exigeons pas des hommes l'impoſſible. Si les Marins ont pu s'écarter un inſtant de leur devoir, qui s'en étonnera en voyant les ſéductions de tout genre dont ils étoient environnés? Il eſt bien plus étonnant que leur conduite ait toujours été patriotique, & que leur égarement même ſoit parti d'un principe pur d'attachement à la République. C'eſt ce que les faits prouveront.

TOUT avoit été tranquille ſur la Flotte juſqu'au ſix août; aucun événement remarquable n'en avoit altéré le bon ordre, & ſi quelques fautes de diſcipline avoient été commiſes, elles étoient légères. Mais dans la nuit de ce jour, un grand délit fut commis à bord du Vaiſſeau le *Northumberland*, commandé par le citoyen Thomas. Des mains égarées ſans doute par des contre-révolutionnaires, furent portées ſur une propriété nationale; toutes les rides des Haubans de Miſaine, une grande partie des rides des Gal-haubans du petit mât de hune, les garans de Caliorne de bas de Miſaine, les driſſes du petit Hunier, un Gal-hauban du petit Perroquet à bâbord, les Haubans de bout-dehors, les écoutes du grand Foc, la Driſſe du Perroquet de Fougue, & un des Bâtards de Racage, furent coupés en pluſieurs endroits. Le dégat étoit grand, il pouvoit compromettre, ſinon le ſalut du vaiſſeau, au moins le bien du ſervice. Si la Flotte, mouillée alors à Belle-Iſle, eût dû appareiller, le *Northumberland* n'auroit pas pu ſuivre l'armée. Il étoit impoſſible qu'un ſeul homme ſe fut rendu coupable d'un pareil crime. Le Capitaine & les Officiers en conviennent dans le procès-verbal dreſſé & ſouſcrit par eux. Cependant ils ne furent avertis du déſordre que le 7 au matin. Ils firent des perquiſitions pour en découvrir les auteurs ; leurs ſoins paroiſſent avoir été conſtamment infructueux. Les coupables appartenoient-ils à l'Équipage, ou lui étoient-ils étrangers ? Cette derniere hypotheſe ſeroit la plus vraiſemblable, ſi, comme on nous l'a aſſuré, il y avoit alors à bord du Vaiſſeau un grand nombre de perſonnes étrangères. Mais alors on ſe demanderoit: comment une pareille communication étoit-elle permiſe ou tolérée ? Le jour même, & dans ces parages, la Flotte ne devoit communiquer avec la terre qu'avec précaution, mais la nuit, toute permiſſion devoit être refuſée; & ſi la communication avoit lieu ſans leur aveu, pouvoit-elle leur être inconnue, ſans une extrême négligence de leur part ? Un Matelot fut ſoupçonné, le Jury le condamna à quatre jours de priſon pour des propos inciviques.

La Flotte continuoit à partager ſes mouvemens, entre les mouillages de Belle-Iſle & de Quiberon. L'objet de cette diſpoſition étoit de prévenir ou d'empêcher une deſcente dans les Départemens inſurgés. Mais la Flotte à l'ancre ne fermoit pas le paſſage de Noirmoutier ; mais les relations des Rebelles, la jonction des Émigrés s'opéroient principalement par Saint-Martin. Des Vaiſſeaux prétendus Neutres ou Américains, ſous prétexte de prendre des chargemens de ſel, vomiſſoient ſur la côte voiſine de Luçon les Contre-révolutionnaires qui renforçoient l'armée des Fanatiques, & leur amenoient des munitions de tout genre.

Quelques Bâtimens légers, ſtationnés dans ces parages, & des viſites rigoureuſement exactes, euſſent ſuffi pour remédier au mal, & l'Eſcadre entière, à la voile, eût obſervé les mouvemens de l'Ennemi, & auroit été à même de manœuvrer, pour ſe porter par-tout où il auroit voulu tenter une deſcente en maſſe, ſi toutefois il l'eût entrepris. L'expérience nous a prouvé que ce n'étoit pas ſon deſſein, & nos forces navales ont demeuré dans l'inaction, ſans nuire aux débarquemens particuliers & ſucceſſifs qui ont alimenté la Vendée.

Il faut le dire : les Équipages avoient peu de confiance en leurs Chefs, & les Officiers en avoient peu les uns à l'égard des autres. Les Officiers de l'ancienne Marine ne cachoient pas ſi bien leur morgue, qu'ils ne la laiſſaſſent éclater de temps en temps. Les Officiers de la Marine du Commerce en étoient irrités. Deux partis étoient très-prononcés dans les Etats-Majors de l'Eſcadre; ils n'attendoient qu'une occaſion pour éclater. Et combien n'eût-il pas été malheureux que cette occaſion eût été préciſément celle d'un combat, où des paſſions particulières euſſent paraliſé une partie de nos forces, & livré l'autre au feu de l'ennemi? Il y avoit d'ailleurs dans le nombre, des Officiers, des Intrigans avides de places & d'avancemens, & plus d'une cabale ſourde exiſtoit dans l'armée, ourdie par des hommes qui ſe diſoient Républicains; comme ſi des Républicains pouvoient voir autre chose que l'amour de la Patrie & l'honneur de la servir, dans le poste qu'elle leur a assigné; comme si tout avancement n'étoit pas avilissant, quand au lieu d'être le fruit du mérite & des belles actions, il étoit dû à la bassesse de l'intrigue. N'en doutons pas, c'est au ferment de toutes ces causes qu'il faut attribuer la défection des équipages, & la demande tumultueuse de leur rentrée à Brest. Les Marins s'insurgeoient, & ils n'étoient que les instrumens des amours-propres particuliers qui agissoient sur eux à leur insçu.

Le Comité de salut public avoit été averti qu'un convoi hollandais, composé de plus de cent voiles, devoit faire route, à une époque fixe, pour les Ports d'Espagne & de Portugal. Le Ministre de la Marine fut chargé de prendre les mesures nécessaires pour intercepter le convoi, Celui-ci donna ordre de détacher de l'Escadre cinq Vaisseauz, pour se porter à la hauteur par laquelle le convoi devoit passer. Un pareil ordre étoit de nature à demeurer secret; il fut bientôt éventé. Le Général est convenu qu'il avoit cru devoir en donner connoissance aux Capitaines employés dans la division qu'il se proposoit de détacher. Mais l'ordre d'établir leur croisière dans le parage désigné pouvoit suffire, & des instructions cachetées auroient appris en temps & lieu convenables aux Vaisseaux, quelle étoit leur destination. Cette division de la Flotte accrut les méfiances qui existoient déjà.

En même temps on apprit la nouvelle désastreuse de l'infâme trahison de Toulon. Il n'y eut qu'un cri parmi tous les Marins contre les lâches qui avoient consenti à devenir esclaves des Anglais, & à les rendre maîtres d'une propriété nationale aussi précieuse. Les craintes s'accrurent, la méfiance fut à son comble. Tout porte à croire qu'elle fut alimentée par la malveillance, & qu'on abusa du civisme des Equipages, pour les porter à demander leur rentrée à Brest.

Ce qui ne laisse presqu'aucun doute à cet égard, c'est que des rapports faits à l'Escadre avoient annoncé qu'une flotte de 44 Vaisseaux de ligne avoit été apperçue dans la Manche, faisant voile vers le golfe. On ne douta point que l'Escadre Russe ne se fût réunie à l'Escadre Anglaise. On ne vit de salut pour les Vaisseaux de la République, que dans la précaution de s'embosser. Cette manœuvre ne fut point ordonnée, mais il circula parmi les Equipages qu'elle alloit l'être. Ce bruit fut répandu au moment où le Général recevoit un nouvel ordre de la part du Ministre, approuvé par le Comité de salut public, d'aller à la rencontre du convoi, & d'y marcher avec toute l'Armée. L'ordre étoit inexécutable. Plusieurs vaisseaux manquoient d'eau & de provisions, ou n'en avoient que pour peu de jours. Les difficultés se multiplioient, l'aristocratie étoit aux aguets pour en profiter, & elle n'en manquoit pas l'occasion.

Un ſyſtême de diffamation exiſtoit contre les officiers patriotes, & même contre les contre-amiraux. Produit par des cauſes & des motifs différens, il avoit pour objet, d'une part, de livrer la flotte à l'ariſtocratie, de l'autre, de ſupplanter quelques officiers généraux & de s'emparer de leurs places. Ces calomnies étoient répandues avec une telle impudeur, que dans la nuit du 14 ſeptembre, pluſieurs canots parcourant la rade, ſemoient à bord des vaiſſeaux que le contre-amiral Landais avoit fait fuſiller, ſans aucune formalité, quelques hommes de ſon équipage pour avoir voulu rentrer à Breſt.

Un fait qui mérite d'être particulierement remarqué, c'eſt que les vaiſſeaux qui, les derniers, avoient rejoint l'Eſcadre, & notamment la *Côte-d'or*, que ces vaiſſeaux, approviſionnés depuis peu, & qui pouvoient tenir la mer long-temps, ont été ceux qui ont allumé le feu de l'inſurrection. Ces vaiſſeaux venoient de Breſt : apportoient-ils l'eſprit ſectionnaire de cette Ville? Ce qui porte à le préſumer, ce ſont les deux faits ſuivans, l'un atteſté par le contre-amiral Landais, l'autre conſtaté par un grand nombre de journaux qui ont paſſé ſous nos yeux. Le premier porte que lorſque les équipages, dans un conſeil tenu à bord de l'amiral, eurent arrêté d'envoyer deux députés, l'un auprès de la Convention, & l'autre auprès des Repréſentans du peuple, il fut convenu que celui-ci iroit d'abord à l'Orient, & subséquemment à Brest si les Représentans ne se trouvoient pas dans la premiere de ces Villes. Le contre-amiral Lelarge proposa alors que dans la supposition même où le Député trouveroit à l'Orient les Représentans du Peuple, il fût tenu d'aller jusqu'à Brest pour apporter aux familles des nouvelles des citoyens embarqués sur l'Escadre. La proposition fut adoptée. La flotte avoit nécessairement des correspondances journalieres avec Brest. Où étoit donc la nécessité de l'envoi d'un Courier extraordinaire ? Quel étoit le contenu des dépêches particulieres dont il étoit chargé ? Les Familles de Brest ne pouvoient pas être inquietes sur le sort de leurs parens ; & s'il étoit si important de les rassurer, pourquoi les Citoyens qui appartenoient à d'autres Villes n'auroient-ils pas allégué la même raison pour jouir de la même faveur ?

Le second fait ne présente pas des conjectures moins pressantes. L'insurrection avoit déjà éclaté à bord de l'escadre, lorsqu'un caporal du détachement embarqué sur la *Côte-d'or*, commandé par le capitaine Gohier, présente une adresse tendante à accélérer la rentrée à Brest. L'idée de cette adresse avoit été suggérée par la lettre d'une femme de Brest, qui annonçoit que les autorités constituées de ce Port, & les chefs qui commandoient l'escadre étoient destitués & mandés à la barre de la Convention nationale.

ON ne douta plus qu'une trahison infâme ne fût prête à éclore, quand on crut que la Convention avoit des soupçons sur le civisme des administrateurs & des généraux. Cependant, à cette époque, la seule administration du département du Finistère avoit été frappée d'un décret d'accusation. Les Commandans de l'armée navale n'avoient pas même été dénoncés. Mais la lettre qui contenoit ces prétendues nouvelles, n'étoit-elle pas un appel indirect & très-insidieux, fait par les fédéralistes de Brest aux Marins de la République, de venir à leur secours? Qu'on se rappele que les députés proscrits avoient porté leurs regards liberticides sur Brest; qu'ils avoient des intelligences dans la ville, & cette probabilité se changera en certitude. Kervélégan écrivoit du 16 août : » nous avons quelque espérance que » Brest va se mettre en pleine insurrection. Nous » n'en pouvons être bien instruits que demain à » huit heures du matin. Vous saurez positivement » & à temps la vérité, ce qui est très important : car, si l'insurrection éclate franchement, » il seroit plus simple de se réfugier dans les » murs de Brest, que de passer la mer ». Une autre lettre écrite de Bordeaux par un député, mais dont on n'a pu saisir que la copie, disoit : » Lyon & Marseille vont bien. Marseille qui » d'abord avoit lâchement fui, a pris sa revan-

» che,

» che, & frotté d'importance Cartaux. Si nos » amis étoient venus ici, *peut-être eût-il été possi-* » *ble de renouer tout.* On vous desire beaucoup; » hâtez-vous donc: vous trouverez toujours ici » sûreté & même protection ».

QUOI qu'il en soit, le vaisseau la *Côte-d'or* fut celui d'où partirent les premieres étincelles qui allumerent la révolte, & ce vaisseau n'étoit réuni à l'escadre que depuis peu de jours. L'état-major & une partie de l'équipage paroissent avoir été composés de maniere à produire sûrement l'explosion qu'on desiroit. Le Capitaine Duplessis-Grenedan n'avoit pu obtenir du Conseil général de sa Commune de certificat de civisme. Il en produisoit un, mais ce certificat fut dénoncé faux au Ministre de la Marine, qui en donna avis à Brest. Le cachet de sa Municipalité avoit été enlevé par les rebelles, le 15 Mars, & le 20 du même mois il avouoit lui-même qu'il avoit été forcé de les suivre. aussi étoit-il soupçonné d'avoir porté les armes pour eux, en qualité de Commandant en second, ayant pour Chef un ci-devant Chevalier de Sy, Lieutenant de vaisseau, provenant du *Dugay-Trouin.* Tel est l'homme à qui l'ont avoit confié la conduite du plus beau vaisseau de l'univers. son lieutenant Guignace, l'enseigne Varroc, le sous-chef d'administration de Verneuil n'étoient pas dans de meilleurs sentimens. Quelques marins de l'équipage, les uns moteurs d'infurrection, les autres infubordonnés, provenoient du vaiffeau la *Bretagne*, & avoient fubi le jugement d'un jury & avoient été condamnés à la prifon, pour caufe de mouvemens féditieux à bord de ce dernier Bâtiment. Prefque tous ces hommes étoient de Dieppe, & connus par leur fanatifme. Ils difoient fréquemment à leurs camarades qu'ils feroient damnés, s'ils fe battoient contre les Prêtres.

SUR ce même Vaiffeau étoit un homme doué d'une ame ardente, d'un caractère impétueux & fortement prononcé. Cet homme étoit *Beauffard*, Caporal furnuméraire du premier Régiment d'Infanterie de la Marine. Né à Lille, le 13 janvier 1762, il avoit été employé dès le commencement de la Révolution dans les bureaux de la Municipalité, & il étoit nanti d'un certificat honorable, figné du Maire & du Greffier, portant qu'il avoit toujours mérité *la confiance & l'eftime* de la Municipalité, *tant par fes mœurs, que par fon civifme dont il n'avoit ceffé de donner des preuves*. Il avoit été Adjudant de la Garde nationale de Lille, & fes Chefs atteftoient *qu'il avoit fait le fervice depuis l'époque de la prife d'armes en 1789, avec la plus grande exactitude, & qu'il avoit donné des preuves du plus pur patriotifme.* Il avoit refté à Lille pendant le bombardement de cette Place, & il rapportoit une atteftation qu'il *s'y étoit conduit avec bravoure & diftinction, portant partout les fecours où le befoin l'appeloit pour fauver de l'incendie ses concitoyens, ce qui lui avoit mérité leur estime.* Il avoit prêté le serment civique dont il produisoit l'acte, & il étoit muni de son passe-port. Dans la relation écrite & signée de sa main, il accuse le Lieutenant du Vaisseau & le Commis aux revues d'avoir témoigné une joie indécente à l'ouie de la nouvelle de la trahison de Toulon, tandis que l'équipage en étoit consterné & pénétré d'indignation. Il ne dissimule pas qu'il a desiré fortement que la flotte rentrât à Brest. Mais il donne pour motifs, la crainte qu'on avoit sur le sort du port & de l'escadre, fondée sur ce que les chefs ne méritoient pas leur confiance, *les principaux étant de cette caste qui avoit par des atroces perfidies, exposé la patrie aux plus éminens dangers.* Tout porte à croire que Beaussard étoit un patriote énergique, mais il étoit trompé. L'acharnement même qu'on a mis à déposer contre lui, justifie sinon sa conduite, au moins son civisme. C'est ce même lieutenant, c'est ce même commis d'administration qu'il taxe d'aristocratie, qui l'inculpent le plus fortement, dans des pièces écrites & soigneusement rédigées. Des officiers patriotes auroient facilement ramené cet homme à la raison & aux principes. On l'aigrit, ainsi que l'équipage, en changeant le nom du vaisseau, & lui donnant celui de *La Ferme*, sur lequel le traître Behague exerce dans les Isles du vent son aristocratique piraterie. Dès-lors ils se crurent deshonorés, &

n'en insistèrent que plus fortement pour rentrer à Brest. La fermentation étoit telle, que le contre-amiral Landais & le capitaine Duplessis-Grenedan, étant à bord du général, l'équipage vouloit partir sans attendre ses chefs; mais Beaussard s'y opposa, & rappela sur ce point ses camarades aux principes de la discipline. Beaussard à-t-il été un agent des contre-révolutionnaires, ou seulement un patriote alarmé sur le sort de son pays, & qui, plus éclairé que ses compagnons d'armes, les a portés, par l'ascendant de ses lumières, à adopter & à soutenir son opinion? Cette dernière supposition paroît la plus vraisemblable: cependant sa conduite est répréhensible, car il s'est érigé en orateur, il a provoqué la délibération de la force armée, & la désobéissance aux chefs. Mais qu'on se demande jusqu'à quel point devoit être affecté un ami de la patrie, quand le vaisseau sur lequel il étoit embarqué avoit pour commandant & pour officiers, des hommes qu'il avoit vu sourire froidement à la trahison de Toulon?

LES huniers furent hissés à bord de plusieurs Vaisseaux, en signe du départ. Cette manœuvre ne pouvoit être faite que par l'ordre du Général, & il n'en avoit point donné. Le Général se conduisit avec sagesse dans cette occasion. Il se porta successivement à bord des Vaisseaux insurgés, les exhorta à amener les huniers, & l'obtint de la part de quelques-uns. Mais le Général provoqua lui-même une assemblée délibérante, composée d'Officiers, de Matelots, de Soldats de chaque Vaisseau, pour statuer sur le parti qu'il y avoit à prendre dans la circonstance. La force armée ne peut pas délibérer, c'est une vérité fondamentale, un principe essentiel, sans l'observation duquel il n'y a plus de liberté. Si le Gouvernement cesse de diriger un moment l'action de la force physique, ou si celle-ci ne lui est pas constamment subordonnée, le despotisme le plus effrayant, le despotisme militaire s'établit avec toutes ses horreurs. Le Gouvernement avoit tracé à l'Amiral la conduite qu'il devoit tenir; il avoit reçu les ordres, il devoit, il pouvoit les exécuter. Plusieurs Vaisseaux étoient demeurés fidèles à leur devoir. Dans le nombre même de ceux qui demandoient de rentrer à Brest, il en étoit peu qui l'exigeassent comme une mesure impérieuse & nécessaire; en émettant leur vœu, ils promettoient d'obéir: les plus entêtés auroient suivi l'exemple de la majorité, si la fermeté alliée à la condescendance eut su manier les esprits. Le Général eut de la condescendance, mais non de la fermeté. Il montra de la foiblesse, & le Conseil proposé par lui s'assembla sur son bord.

Après une discution longue, dans laquelle on remarqua que quelques Officiers, & notamment le Lieutenant Dubourg, cherchoient à influencer les opinions: on arrêta d'envoyer deux Députés, l'un auprès de la Convention, l'autre auprès des Repréſentans du Peuple, pour leur exprimer la néceſſité où étoit l'Eſcadre de rentrer à Breſt, avec promeſſe néanmoins d'attendre le retour des Députés, & de ſe conformer aux ordres dont ils ſeroient porteurs. Les Députés nommés furent, pour la Convention, Antoine-Hyppolite Verneuil, Soldat du premier Régiment de Marine, en garniſon ſur *le Juſte* ; & pour les Réprésentans, Conor, Timonnier ſur *la Côte-d'or*. Il ne nous eſt parvenu ſur le compte du dernier aucun renſeignemens, ni pour, ni contre lui. Mais Verneuil paſſoit pour avoir été ci-devant Capitaine de Cavalerie. Pour connoître la valeur de ce bruit, & bien apprécier tous les faits, vous avez demandé à Verneuil de vous remettre les pièces légales qui conſtatent ſa naiſſance, ſon état ou ſa profeſſion, juſqu'au moment où il a été engagé dans l'Infanterie de la marine, & ſon certificat de civiſme. Verneuil n'a pu vous exhiber aucune de ces pièces. Il y a ſuppléé par une déclaration écrite & ſignée de lui, de laquelle il réſulte qu'il eſt né à Paris, fauxbourg St. Germain, paroiſſe St. Sulpice; qu'il a reſté long-temps dans l'étude de la Correſpondance de la ferme générale, d'où il étoit paſſé au ſervice d'Hollande, & avoit ſervi, en qualité d'Ecrivain de l'Etat-Major, dans un régiment prêté par la France aux Hollandais, duquel il étoit déſerteur. Cette déclaration devra être vérifiée. Telle qu'elle eſt, elle n'eſt pas propre à inſpirer une grande confiance en l'individu ; auſſi avez vous ſagement arrêté qu'il feroit mis en état de détention.

LES Députés de l'Eſcadre partirent pour ſe rendre à leur deſtination reſpective. Les Repréſentans du Peuple, alarmés du péril dont elle étoit menacée, jugèrent néceſſaire que l'un d'eux partît pour ſe rendre ſur le champ à Quiberon. Le Citoyen TRÉHOUART fut chargé de cette miſſion. La fermentation, bien loin de ſe calmer après le départ des Députés, ne fit que s'accroître. Les habitans de la Côte, gangrenés d'ariſtocratie, de fanatiſme, ou de fédéraliſme, avoient dit hautement que ſi l'Ennemi attaquoit nos Vaiſſeaux, ils ſe déclareroient contre eux en faveur de l'Ennemi. Malgré la promeſſe formelle d'attendre le retour des Députés, on exigea le départ de la Flotte. Elle appareilla ; le Repréſentant Tréhouart la trouva ſous voile lorſqu'il arriva ſur la Frégate *la Nymphe*. Il requit le Général de la conduire dans la Rade de Belle-Isle. Le ſignal fut donné en conſéquence, & l'Eſcadre, après avoir manœuvré pour atteindre ce mouillage, y jeta l'ancre le lendemain 21 Septembre.

LE Repréſentant du Peuple fit aſſembler ſur le champ, à bord de l'Amiral, un Conſeil compoſé des Généraux & des Capitaines de l'Armée. Il les interrogea l'un après l'autre ſur l'état de leur Vaiſſeau & ſur le degré d'utilité qu'on pouvoit s'en promettre pour prendre la croisière désignée par le Comité de salut public, & ordonnée par le Ministre. Un petit nombre répondirent de la bonne volonté & de la docilité de leurs équipages, d'autres déclarerent qu'ils manquoient d'eau & de provisions, d'autres enfin se plaignirent de l'insurrection qui régnoit à leur bord; tous conclurent, quand les questions furent généralisées, qu'il étoit absolument nécessaire, pour le salut de la flotte, de la ramener promptement à Brest.

L'ARRIVÉE du représentant avoit produit une sensation heureuse parmi les équipages. Mais bientôt les mouvemens d'agitation & d'inquiétude se manifesterent de nouveau avec plus de force. Beaussard, dans sa déclaration, attribue cette inquiétude à l'espèce de mystere qu'on fit aux équipages des paroles & des sentimens du représentant du peuple. Les demandes de rentrer à Brest devinrent plus vives & plus tumultueuses que jamais. Le Citoyen Tréhouart vit qu'il n'y avoit plus moyen de reculer cette mesure, la seule qui restoit pour sauver la Flotte, & d'après le vœu emis unanimement par les Généraux & Capitaines, il requit le Vice-Amiral de faire route pour ce Port.

LE Contre-Amiral Landais avance, dans son Mémoire, qu'il y avoit des communications fréquentes & secretes entre l'Etat-Major de *la Côte-d'or* & celui *du Terrible*. Il dit même qu'il exiſtoit des ſignaux inconnus, qui ſe faiſoient à l'inſçu du Général, & qui ſans doute avoient leur objet dans l'intention de ceux par qui & pour qui ils étoient faits. Je copie, mot à mot, les expreſſions du Général Landais. « J'ai vu, dit-il, une partie des ſignaux que l'on a marqués dans le regiſtre, qui ont été faits à bord du Commandant, auxquels nous n'avons pu rien comprendre, ce qui m'a fait penſer qu'il y avoit des ſignaux particuliers entre *quelqu'un* du bord du Commandant, & d'*autres* à bord des autres vaiſſeaux. Ceci eſt relevé du regiſtre des ſignaux faits à bord du Commandant... Le 22 Septembre, à 6 heures du matin, deux flammes rouges au grand mât..... Le 23 à 9 heures & demie, mât, une flamme rouge.... Le 25 à 9 heures, pavillon damier, ſans avoir vu aucuns Bâtimens de l'Armée faire des ſignaux.... Le 27 à 3 heures & demie, pavillon œil de perdrix ſeul.... *Idem*, pavillon yack au mât de miſaine ... *Idem*, pavillon bleu au mât de miſaine. (Ce pavillon n'eſt pas dans la ſérie).... Le 28 à 8 heures & demie, flamme rouge ».

Le Général Landais ajoute cette réflexion, qui eſt frappante. « J'obſerverai, dit-il, que ſi à bord du Commandant on vouloit empêcher que les trois colones ſe formaſſent telles qu'elles doivent être, il ſeroit facile de le faire, & il n'y auroit que la colonne du Commandant qui pourroit immédiatement le ſuivre, & ceux qui pourroient être avertis par des ſignaux particuliers, ce qui eſt facile à démontrer ». Or, de-là, quels inconvéniens ne pourroient pas s'enſuivre? Dans un jour d'action, quelques vaiſſeaux manquant de ſe réunir ſeroient livrés à l'Ennemi, & l'on perdroit à la fois, & les forces de la République, & des braves gens qu'on auroit acquis par une perfidie, le droit d'accuſer d'inſubordination ou de lâcheté.

La Flotte mouilla à Breſt, le 29 Septembre. Les Repréſentans Bréard & Tréhouart prirent les meſures que leur paroiſſoit exiger le ſalut public; ils mirent en arreſtation pluſieurs individus déſignés par les divers procès-verbaux & journaux tenus à bord des Vaiſſeaux. Prieur de la Marne & Jean-bon-St.-André, envoyés par la Convention Nationale pour ſeconder le zèle de leurs Collègues, ſe ſont portés dans la rade; ils ont viſité ſucceſſivement tous les vaiſſeaux, & ils ont eu la ſatisfaction de trouver dans la maſſe générale des Citoyens qui compoſent les Equipages, des bons & braves Républicains, pleins d'ardeur pour la défenſe de la Patrie, & la gloire du Pavillon. Ils ont reçu l'expreſſion de leurs ſentimens, & le témoignage du regret dont ils étoient pénétrés d'avoir, par erreur, manqué une occaſion importante de frapper les ennemis de la République. Tous ont demandé à grands cris qu'on leur ouvrît la carrière de l'honneur, & ils ont juré d'exterminer ces vils Anglais qui, ſans s'embarraſſer du choix des moyens, achetent au poids de l'or des *Traîtres*, au lieu de combattre des hommes courageux & fidèles.

Tels ſont les faits ; il faut en déduire les réſultats qu'ils préſentent naturellement.

RÉSULTATS GÉNÉRAUX.

Une vérité qui a dû frapper tous les eſprits dans ce rapport, c'eſt que l'amalgame des ci-devant nobles, des officiers de l'ancienne marine avec les citoyens qui de la marine du commerce ont paſſé au ſervice de la République, nuit eſſentiellement au bien de la choſe publique. L'antique rivalité n'eſt pas détruite, elle exiſte encore dans toute ſa force. D'un côté l'orgueil de l'amour-propre & des diſtinctions, de l'autre l'orgueil plus légitime de l'égalité qui s'indigne qu'on veuille encore établir ou conſerver une ligne de démarcation entre des citoyens tous égaux en droits, produit de grands maux, & en préſage de plus grands encore, ſi on ne coupe le mal juſques dans ſa racine. L'inimitié, quoique ſourde, quoique extérieurement contenue par la loi, eſt au point que l'on vous annonce que pluſieurs capitaines & officiers préfèrent d'abandonner la mer, & d'aller ſur les frontières combattre à côté de leurs frères ſans-culottes, plutôt que de voir les forces navales livrées à des hommes qu'ils regardent comme des traîtres. Ces marins expriment en ce point l'opinion générale de la France entière, qui, laſſée des complots éternels d'une caſte qui n'a pas voulu s'honorer par la liberté, la condamne irrévocablement à la nullité politique ſous tous les rapports.

La première meſure à prendre, doit donc être l'épurement de la marine, & la deſtitution pleine, complete, abſolue de tous les ci-devant nobles qui ſervent ſur l'eſcadre, pour être remplacés par des officiers qui joignent à la bravoure & à la capacité, l'amour de la patrie & celui de l'égalité.

Une ſeconde vérité qui réſulte des faits énoncés, c'eſt qu'outre les ci-devant nobles, il exiſte dans la marine, des intrigans qui font de l'honneur de porter les armes pour la liberté, un objet de baſſe cupidité, ou de vanité puérile. Jaloux de leurs camarades, ils n'aſpirent qu'à les devancer, & tous les moyens leur ſont également bons, pourvu qu'ils augmentent en grade. Delà les calomnies réciproques, les haines perſonnelles, les diviſions toujours dangereuſes, mais qui le ſont davantage à la mer, où les ſuccès ne s'obtiennent que par un enſemble de mouvemens, fruit de la confiance & de l'eſtime mutuelles. Ce ſentiment eſt auſſi une ariſtocratie, & la plus dangereuſe de toutes. Il faut enfin élever les hommes au niveau de leurs devoirs ; il faut qu'un grand exemple leur apprenne que la morale publique n'eſt pas une chimère. La baſe de tout avancement dans les états libres, c'eſt le mérite & la vertu. Il n'y en a point, il ne peut point y en avoir d'autre : or celui qui eſt jaloux du mérite d'autrui, n'en a pas lui-même : celui qui emploie pour obtenir des places, des moyens obliques ou immoraux, ne compte pas aſſez ſur ſes talens & ſur ſes vertus, ou il prouve qu'il n'en a point ſuffiſamment pour lui faire un titre à la juſtice nationale. Que chacun, ferme à ſon poſte, en rempliſſe exactement les fonctions ; qu'il ſe faſſe remarquer par ſes actions & ſa bonne conduite, & que tous renoncent enfin au commèrage aviliſſant de l'ancien régime, où des agens corrupteurs & corrompus, des femmes perdues, faiſoient des capitaines, des chefs d'eſcadre & des amiraux.

Ce ferment de diſcorde & de honte doit être encore détruit, & vous devez, ſans pitié, couper cette dernière racine des abus.

RÉSULTATS PARTICULIERS.

1°. *Les Généraux.*

LE vice-amiral Morard-de-Galles a contre lui ſa naiſſance, & la méfiance de l'armée. Ses journaux, ſa correſpondance particuliere, toutes les pieces qui ont été mises sous nos yeux ne contiennent rien qui puisse le faire soupçonner de trahison; mais il est foible & irrésolu. On suppose que son capitaine de pavillon, Bonnefous, exerce sur son esprit un empire absolu, & cet empire peut être dangereux. Il a d'ailleurs à se reprocher d'avoir manqué de discrétion & de prudence, en communiquant, ou faisant pressentir les ordres qu'il avoit reçus du ministre pour intercepter le convoi; d'avoir ouvert l'avis d'un conseil tenu par toute l'escadre sur la disposition des forces navales sous son commandement, tandis qu'il n'ignoroit pas que la force armée est essentiellement obéissante, & qu'elle ne doit se mouvoir que d'après l'ordre du gouvernement, qui, placé au centre de tous les rapports politiques, est seul à même de juger de ce qui convient à l'intérêt national. On l'accuse encore d'une prédilection très-marquée pour les officiers issus de l'ancien grand corps, accompagnée d'un fond de mépris & de dureté pour les autres. Or la République réprouve ces distinctions, & un général ne doit désormais voir dans son armée que des freres d'armes que la loi lui a subordonnés dans l'ordre du service, mais à l'égard desquels il doit se montrer impassible, comme la loi même. Enfin, dans la supposition que les faits énoncés par le contre-amiral Landais, relativement aux signaux, & attestés par la signature de cet officier, soient vrais, quoiqu'ils n'aient pas été faits par ses ordres, il n'est pas moins répréhensible de ne pas les avoir connus, & surtout d'avoir imprudemment donné sa confiance à des hommes qui en abusoient. D'après ces considérations, le vice-amiral Morard-de-Galles doit être destitué & envoyé auprès du comité de salut public pour y rendre compte de sa conduite.

Le contre-amiral le Large n'est point d'origine ci-devant noble, mais il a servi dans l'ancienne marine; son civisme a été long-temps regardé comme douteux, & l'on a vu que dans l'assemblée où il fut nommé des députés pour porter à la Convention & aux Représentans le vœu des équipages pour faire rentrer l'escadre à Brest, il fit la proposition insidieuse que le député Conor fût tenu de se rendre dans cette ville, lors même qu'il auroit trouvé les Représentans du peuple à l'Orient. Cette proposition n'annonce point un homme sûr, & que l'on puisse employer avec confiance dans la circonstance présente.

L'on doit en dire autant du contre-amiral Kerguelen; il est noble, de l'ancienne marine, ambitieux, imbu des préjugés incompatibles avec les principes de la République, & par ces motifs peu propre à la servir.

Le contre-amiral Landais est patriote; ami sincere de la liberté, il veut le bien, mais son âge, & la trempe particuliere de son caractere ne lui fournissent pas les moyens de l'opérer, dans le poste auquel, après les réformes qu'on vient d'indiquer, il auroit droit de prétendre. On ne sauroit sans imprudence confier le commandement en chef de nos forces navales à un homme dont la tête est déjà affoiblie, qui croit que tous les actes d'incivisme sont autant de conjurations particulieres, dirigées personnellement contre lui, comme le prouve le mémoire qu'il nous a remis. D'ailleurs, il faut le dire, défiant & soupçonneux à l'excès, il n'a pas su se concilier l'attachement même des officiers dont le patriotisme est le plus éprouvé, ni celui des équipages. Il offre sa démission, l'intérêt national exige qu'elle soit acceptée, en rendant hommage à la pureté de ses sentimens.

2°. *Vaisseaux*,

Le Terrible. On a vu que les officiers de ce vaisseau étoient suspectés d'avoir des signaux particuliers, pour communiquer avec leurs amis, à l'insçu des officiers patriotes, & même du général. Les soupçons tombent particulièrement sur Bonnefous, capitaine de pavillon du général, & Augier, major de l'armée. Ce fait mérite d'être approfondi, & ces deux officiers doivent être mis provisoirement en état d'arrestation.

La Côte-d'or. Le capitaine Dupleſſis-Grenedan a été mis en état d'arrestation, mais il importe qu'il soit promptement jugé, & l'on doit se hâter de de le traduire au tribunal révolutionnaire. Il faut que la nation intimide par sa sévérité quiconque oseroit servir sur les vaisseaux de la nation, après avoir porté les armes contre elle. Guignace, lieutenant, & le commis aux vivres, Verneuil, doivent être mis en arrestation. Vilson, administrateur de la marine, protecteur de Verneuil, & qui a fait embarquer sur la *Côte-d'or* les matelots provenant de la *Bretagne*, Vilson, quoiqu'il ne serve pas sur les vaisseaux, trouve ici naturellement sa place, on doit purger les bureaux de cet homme connu par son aristocratie.

BEAUSSARD, à qui l'on n'a à reprocher que les élans d'un patriotisme mal dirigé, Beaussard, coupable par sa conduite, mais non par ses principes, a suffisamment expié sa faute par une détention de plusieurs semaines.

IL n'en est pas de même des matelots & canonniers provenant de la *Bretagne*. Leur fanatisme dangereux est attesté par plusieurs personnes du vaisseau. On les a vus souvent à genoux sur leurs pieces, gémissant, disoient-ils, sur notre impiété & la perte de la religion. Ils croient de gagner le ciel par la révolte. Ils sont suspects, & la justice exige qu'ils soient traités comme tels. Ils doivent donc être débarqués & mis en réclusion jusqu'à la paix.

LE Tourville. Trois officiers ont été mis en état d'arrestation; Lebourg qui, dans le conseil tenu à bord de l'Amiral, excitoit les mouvemens; & vouloit influencer les opinions; Enouf, lieutenant, qui, outre les reproches qu'on peut lui faire relativement à l'insurrection de la flotte, est accusé par la voix publique d'avoir contribué à la mort du brave Duval, l'un des ornemens de la marine de la République, & le Duc, enseigne de vaisseau. C'est au tribunal révolutionnaire à juger ces trois hommes, ils doivent lui être renvoyés.

Le Superbe. Bois-Sauveur, capitaine, qu'un seul fait fera suffisamment connoître. Il a eu l'impudeur de donner un bal à Quiberon, le lendemain du jour où l'on apprit, dans cette rade, la lâche trahison qui avoit mis Toulon entre les mains des Anglais. Un vrai Républicain gémit des pertes de sa patrie, & quand il vient à les connoître, son sang bouillonne, sa colere s'enflamme, il court aux armes, & il demande à la venger. Jamais destitution ne fut plus juste que celle d'un officier qui a donné une preuve si authentique de son incivisme.

Le Northumberland. Un grand délit a été commis à bord de ce vaisseau; le chef en est responsable à la Nation qui, en le lui confiant, lui a imposé le devoir de veiller avec soin à sa conservation. D'ailleurs, le capitaine Thomas, à travers son langage patriotique, n'annonce pas une sincérité telle que la veulent des Républicains. L'équipage du vaiſſeau qu'il commande a hiſſé les huniers, à l'exemple des autres. Thomas ſeul a prétendu juſtifier cette manœuvre en diſant que l'Equipage n'étoit pas en inſurrection, mais en révolution, miſérable diſtinction qui ne ſignifie rien par elle-même, ſi ce n'eſt que celui qui l'allègue n'a pas la franchiſe qu'on eſt en droit d'attendre d'un homme libre. Thomas doit être deſtitué, & il l'auroit été, ou même quelque choſe de plus, ſous l'ancien régime, pour le fait qui a eu lieu à ſon bord.

La Bretagne. Larichery capitaine, ſoupçonné d'avoir émigré, doit être mis en état d'arreſtation, & retenu juſqu'à ce qu'on ait approfondi la vérité de ce fait, pour être puni conformément à la Loi, s'il eſt conſtaté. Mais puiſque le ſoupçon plane ſur ſa tête, & que ſa qualité de ci-devant noble ſert à l'accréditer, il doit être détenu comme ſuſpect.

Le Jean-Bart. Koetnampren, capitaine de ce vaiſſeau, vous eſt dénoncé comme un contre-révolutionnaire hypocrite, jouant le patriotiſme, & voulant étouffer la Liberté. Il eſt accuſé d'avoir favoriſé le relâchement de la diſcipline, d'avoir négligé l'exercice du canon, d'avoir déclamé contre la Convention Nationale de la maniére la plus indécente, d'avoir inſulté les couleurs nationales, d'avoir fait débarquer ſon argenterie, ſa bibliotheque, une partie de ſon linge & de ſes effets au moment où il étoit probable que la flotte pourroit trouver l'occasion de se mesurer avec l'ennemi, d'avoir manifesté la haine de la révolution & le regret de l'ancien régime, d'avoir trahi la confiance du ministre en ne lui désignant pas, comme il en étoit chargé, les officiers patriotes susceptibles d'avancement, & cela en haine de leur patriotisme. Le tribunal révolutionnaire doit faire justice d'un homme aussi profondément incivique.

S'il est d'autres réformes à faire, ce n'est pas ici le lieu d'en parler, puisque n'ayant pas de rapport avec ce qui s'est passé sur l'escadre, ou ces rapports étant inconnus, elles doivent être déterminées par des considerations purement politiques, que dicte en ce moment le salut de la patrie. N'opposons à nos ennemis que des hommes sérieusement disposés à les combattre, & que dans la lutte de la liberté contre les rois qui veulent l'opprimer, ceux-là ne soient point employés, qui desirent des rois, mais ceux-là seulement qui les haïssent, & qui ont juré de les exterminer.

Plusieurs canonniers, matelots & soldats ont été mis aussi en état d'arrestation. Cette sévérité étoit juste, elle étoit nécessaire, car il faut que la discipline regne, & elle a été méconnue, & l'obéissance des subordonnés envers leurs chefs, qui n'est que l'obéissance à la nation elle même qui les a nommés, a été foulée aux pieds. Mais il sera nécessaire de distinguer avec soin ce qui appartient à l'exageration des craintes produites par le patriotisme, de ce qui pourroit être de la part de quelques individus, une révolte volontaire & préméditée. Ce principe est consacré par nos lois, & jamais l'application n'en dut être faite avec tant de soin & de discernement. La loi est la même pour tous. Amiral, officiers, matelots, tous sont les enfans & les serviteurs de la commune patrie, chacun dans le grade qu'elle lui a assigné. S'il est parmi ses matelots des contre-révolutionnaires, qui aient agi en haine de la République, ils doivent être traités comme tels. Mais gardons-nous de croire que tous ceux qui ont été arrêtés, & même le plus grand nombre, soient dans ce cas. Le matelot fait partie du peuple, il veut la liberté & l'égalité. Il peut être facilement trompé, car l'instruction de cette classe a été jusqu'à présent excessivement négligée. Delà la facilité de les exciter au murmure. Le matelot est exigeant en proportion de ce qu'il connoît moins la juste mesure de ses droits, & l'étendue de ses devoirs. La chaleur dans la demande de rentrer à Brest, n'est pas une preuve suffisante d'intention contre-révolutionnaire. Car en supposant la réalité du patriotisme, celui qui en a eu davantage, a dû mettre aussi plus de vivacité dans l'expression de ses craintes, & du desir d'en voir disparoître la cause. Un jugement porté par des hommes sages & fermes éclaircira tous les doutes, & rendra à chacun la justice qu'il mérite.

MAIS quelle ſera la forme de ce jugement ? Celle du Jury maritime ne paroît pas applicable à la circonſtance, car ſi dans les vaiſſeaux où l'inſurrection a éclaté, dans ceux ſurtout où elle a été la plus forte, tous n'y ont pas participé, il ſeroit au moins bien difficile de déterminer avec préciſion les individus qui ont eu le courage de réſiſter au torrent de la contagion; le juré auroit donc à prononcer ſur un délit qu'il auroit commis lui même, & l'on ſent combien cette circonſtance devroit naturellement influer ſur ſon opinion. Il faut ici une forme particuliere, & peut-être, eſt-ce à la Convention nationale à la preſcrire. La meſure doit être prompte, car ceux qui n'ont mérité que des peines correctionnelles, ne doivent pas languir dans les liens d'une longue détention, & l'humanité veut, à l'égard des coupables eux-mêmes, qu'on ne prolonge point les angoiſſes de leur ſort.

EN mitigeant ainſi la ſévérite par la clémence, d'après l'exacte proportion dictée par la juſtice, vous devez travailler à l'affermiſſement de la diſcipline, & prévenir par tous les moyens que des ſcenes auſſi déplorables & auſſi funeſtes ne ſe reproduiſent. Dites aux marins qu'appelés à l'honneur de défendre la patrie au poſte le plus périlleux, ils doivent s'enorgueillir de leur miſſion & en aſſurer le ſuccès; que ce ſuccès dépend de la ſubordination & du zéle ; que conduits déſormais par des chefs que le ſoupçon ne peut atteindre, ils doivent marcher ſans crainte de trahiſon. Parlez-leur des récompenſes nationales, de ces récompenſes vraiment honorables, qui les appelent à tous les emplois ſucceſſivement, ſuivant le mérite & la capacité de chacun. Dites-leur que du côté même des dédommagemens pécuniaires, la Convention nationale á tout fait pour eux, & qu'ils peuvent quand ils le voudront former avec leur courage un patrimoine à leurs enfans. Mais dites-leur auſſi que les lâches, les murmurateurs & les traitres n'ont à attendre que le mépris & l'infamie; qu'une punition certaine ſera appliquée à chaque délit, & par cette double conſidération renforcée de tout ce que l'amour de la patrie a de plus touchant, formez parmi eux cet eſprit public qui dans nos bataillons & dans nos armées a produit des prodiges de valeur, & a corrigé plus d'une fois les erreurs & les perfidies des généraux. Que manque-t-il à nos marins? Ils ont le courage, l'audace, la patience qu'on ne trouve chez aucune nation maritime de l'europe, & que le gouvernement Anglais leur envie. Qu'ils y joignent cette docilité raiſonnable & réfléchie, qui convient à des hommes libres, & ils ſeront invincibles.

Premier jour du deuxième mois de l'an deuxième de la République, une & indivisible.

LES Repréfentans du peuple près les ports de Breft & de l'Orient, après avoir entendu le rapport qui leur a été fait par Jean-Bon-St.-André, l'un d'eux, arrêtent :

ARTICLE PREMIER.

LE vice-amiral Morard-de-Galles, commandant la flotte de la République, mouillée dans la rade de Breft, eft deftitué du commandement; il lui eft enjoint de fe rendre, fans délai, auprès du comité de falut public de la convention nationale, & du confeil-exécutif provifoire, pour y rendre compte de fa conduite.

II.

LES contre-amiraux Lelarge & Kguelen, font deftitués de leur emploi : il leur eft enjoint de quitter la flotte & la ville de Breft, fous vingt-quatre heures, de fe retirer à vingt lieues des côtes & des frontières, & de fe préfenter à la municipalité du lieu qu'ils choifiront pour leur domicile, à l'effet d'y être en furveillance, conformément à la Loi.

III.

Les capitaines Bois-Sauveur, du *Superbe*, & Thomas, du *Northumberland*, Guignace, lieutenant, & Vilſon, employé dans les bureaux de la marine, ſont pareillement deſtitués, & ils ſe conformeront en tous points aux diſpoſitions énoncées dans l'article précédent.

IV.

Duplessis-Grenedan, capitaine de *La Côte-d'or*; Verneuil, commis aux revues ſur le même vaiſſeau, & Koetnampren, capitaine du *Jean-Bart*, Lebourg & Enouf, lieutenans du *Tourville*, & Leduc, enſeigne du même vaiſſeau, ſeront ſaiſis & traduits au tribunal révolutionnaire à Paris.

V.

Bonnefous, capitaine du *Terrible*, & Augier, major de l'armée, ſeront mis proviſoirement en état d'arreſtation.

VI.

Larichery, capitaine de *la Bretagne*, ſoupçonné d'émigration, ſera mis en arreſtation, & détenu comme ſuſpect, juſqu'à ce qu'il ait fait preuve de ſa réſidence non interrompue en France.

VII.

Beaussard, caporal de marine, à bord de *la*

Côte-d'or, ſera mis en liberté ; il lui eſt enjoint de ſe conduire à l'avenir avec plus de prudence & de circonſpection.

VIII.

Les matelots & canonniers embarqués à bord de *la Côte-d'or*, provenant du vaiſſeau *la Bretagne*, qui avoient été condamnés à être détenus par un jury, à raiſon des mouvemens ſéditieux qu'ils avoient excités ſur ce vaiſſeau, & qui, ſur *la Côte-d'or*, ont tenu des propos inciviques, dictés par le fanatiſme, & tendant à altérer l'énergie des républicains, ſeront débarqués & mis en récluſion juſqu'à la paix, comme ſuſpects, conformément à la loi.

IX.

A l'égard des matelots, canonniers et ſoldats mis en arreſtation par les repréſentans du peuple, à la rentrée de la flotte, vu l'impoſſibilité d'appliquer à leur égard la forme ordinaire du jury maritime, la convention nationale sera priée de déterminer, auſſi promptement qu'il ſera poſſible, le mode d'organiſation d'une commiſſion ou tribunal chargés de les juger promptement, & de diſtinguer avec ſoin ce qui appartient à l'erreur du patriotiſme, de ce qui doit être attribué à une intention contre-révolutionnaire.

X.

La démiſſion offerte par le contre-amiral Landais,

eſt acceptée. Mais les Repréſentans du peuple ſe font un devoir de rendre juſtice à ſon patriotiſme, & à la pureté de ſes ſentimens, qu'ils ont trouvés en tout conformes aux principes de la liberté.

X I.

Le capitaine Villaret eſt nommé proviſoirement contre-amiral des armées navales de la république. Il prendra, en cette qualité, le commandement proviſoire de la flotte mouillée actuellement dans la rade de Breſt; il arborera ſon pavillon ſur le vaisseau *La Côte-d'or*, lequel portera déſormais le nom de *La Montagne*.

X I I.

Il ſera inceſſamment pourvu au remplacement des officiers arrêtés & deſtitués, & à l'épurement complet de la marine de la République; en ſorte que la gloire des armes françaiſes ſur mer, ne ſoit confiée qu'à des hommes qui, fortement prononcés pour la liberté & l'égalité, aient à cœur de les faire triompher.

X I I I.

Tous les marins, en quelque qualité qu'ils ſoient employés ſur les vaiſſeaux de l'état, ſont exhortés à remplir fidèlement leurs devoirs dans le poſte que la patrie leur a confié, à reſpecter la discipline, & à mériter par leur civisme & leur bonne conduite les récompenses que la justice nationale promet à tous; ils sont invités les uns envers les autres, & relativement aux proportions de leurs grades, de maintenir l'obéissance aux loix, de noter, de dénoncer, et même de punir les traîtres ou les lâches qui entraveroient le service, qui répandroient le découragement parmi les équipages, ou qui, de toute autre manière, nuiroient au salut de la chose publique.

X I V.

LE rapport fait aux représentans du peuple, le présent arrêté, & les pièces justificatives seront imprimés, envoyés à la convention nationale, au comité de salut public, au conseil exécutif, & distribués sur tous les vaisseaux.

Signé, BRÉARD, JEAN-BON-SAINT-ANDRÉ.

DURAS, *secrétaire de la commission.*

PIÈCES JUSTIFICATIVES.

COPIE d'une Lettre écrite au Comité de Salut public.

REPRÉSENTANS,

AU moment où les ennemis de la liberté se coalisent par-tout, & font tous leurs efforts pour allumer ici la guerre civile, le danger de la patrie nous fait un devoir sacré de nous adresser à vous, pour vous prévenir des menées ourdies par des riches égoïstes, des accapareurs, des négocians, la plupart promus à force d'intrigues à des autorités qu'ils compromettent.

LES événemens du 31 mai et suivans, que tout bon Français doit bénir, ont été ici le moment d'éclat contre la convention, les ministres & toute la ville de Paris; l'air de Brest n'a retenti depuis que des invectives les plus atroces, des calomnies les plus noires contre tout ce qui émane de cette capitale. Les factieux ont tout entrepris, tout employé pour présenter aux sans-culottes du pays la convention sous le point de vue le plus hideux, la taxant de triumvirat, de tyrannie, et les Parisiens de brigands sanguinaires et d'assassins. L'acte constitutionnel, chef-d'œuvre de nos lumières, gage précieux qu'adorera la postérité, acte vilipendé &

presque proscrit; discours, libelles, placards, ont été mis en usage pour en provoquer le refus du souverain.

PLUSIEURS de nos frères, livrés à la satyre & aux risées les plus humiliantes; un de nos camarades vexé et traduit à la municipalité, pour avoir, par excès de zèle, fait arracher un placard imprimé, portant en titre : *Égalité, plus de Montagne*, venu du comité central établi à Rennes, prêchant l'anarchie, le refus de la constitution & la guerre civile; les meilleurs républicains, pour avoir dévoilé l'horreur de ces faits, honnis, insultés, traités publiquement de factieux soldés par *Marat*, *la Montagne*, *&c. &c.*; tels sont les efforts & la conduite de la horde aristocrate pour nous replonger dans l'esclavage le plus honteux.

DEPUIS la malheureuse reddition des villes de Condé & Valenciennes, ces tigres altérés de sang lèvent une tête audacieuse; ils osent même nous montrer au doigt dans la rue, prêcher publiquement & hautement une sainte insurrection, & contre qui? contre nous qui avons toujours reconnu la souveraineté du peuple dans la majorité de ses représentans; contre nous qui avons applaudi à l'insurrection du 31 mai; contre nous qui avons éclairé une grande partie du peuple sur la constitution, & même beaucoup contribué à son acceptation; contre nous qui avons blâmé, désavoué le fédéralisme; contre nous qui voulons que les loix décrétées par la convention ſoient proclamées & exécutées ; contre nous qui demandons que le châtiment des coupables puiſſe intimider tous les traîtres; contre nous enfin, qui jurons de mourir pour ſoutenir l'unité & l'indiviſibilité de la république.

TELS ſont, Repréſentans, les ſentimens qui nous ont animés depuis le commencement de la révolution; c'est cette conduite qui nous a mérité une ſorte de proſcription & des vexations raffinées de la part des agens & ſuppôts de la ligue anticonſtitutionnelle. Nous croyons devoir vous faire cette déclaration, tant pour détruire les calomnies dont nous pouvons être aſſaillis, ainſi que beaucoup de nos camarades, que pour vous prévenir des dangers que courent même nos perſonnes. Et nos cœurs & nos bras ſont dévoués à la protection des loix; quels que ſoient les moyens de ſévérité que vous ordonniez contre les ennemis de la choſe publique, nous nous ferons un devoir d'en ſeconder l'exécution, & nous proteſtons d'avance contre toutes menées & trames qui peuvent être ourdies pour en déconcerter les meſures. Uniquement occupés du deſir d'être utiles à notre patrie, vous trouverez en nous des amis ſincères de la vérité & des francs militaires républicains; autant de fois que vous voudrez les conſulter, nous ſerons toujours prêts à avouer de bouche ce que notre main peut faire & tracer par écrit.

REPRÉSENTANS,

C'EST avec cette franchise que nous nous disons respectueusement vos concitoyens officiers des troupes de la marine. Signé, *Leclerc*, sous-lieutenant, *Martin*, lieutenant du premier régiment, *Roclo*, *Couzier*, sous-lieutenans, *Gautier*, sous-lieutenant du deuxième régiment, *Lenotre*, adjudant-major.

P. S. ON ne peut sans indignation & sans crainte remarquer que beaucoup d'individus qui ont manifesté hautement leurs opinions & leur refus sur l'acte constitutionnel, continuent à s'en applaudir, à le décréditer de nouveau, & à menacer des hommes foibles de suites fâcheuses & de dangers dont ces intrigans creusent ouvertement l'abîme.

SI vous jugiez à propos de donner publicité à cette lettre, nous sommes persuadés de votre sagesse sur la considération des suites que nous causeroit ici la vue de signatures individuelles.

Brest, le 14 août 1793, l'an deuxième de la République Française.

COPIE de la déposition du Citoyen Belval, *sous-Chef d'Administration de la Marine, faite aux Représentans du Peuple près les Côtes de Brest & de l'Orient, le vingt-septième jour du premier mois de l'an second de la République Française, une & indivisible.*

CITOYENS,

LES lettres des députés *Kervélégan, Blad & Gommaire* avoient alarmé le Finistère sur le destin de la convention ; ils écrivoient sans cesse aux administrés de ce département, qu'ils n'étoient pas libres, & qu'ils délibéroient sous la hache des assassins ; enfin, que peut-être ils n'existeroient plus lorsque leurs lettres arriveroient à leur destination. Une inquiétude universelle s'empara de tous les esprits, l'on crut la convention en péril, & l'on résolut de marcher à son secours ; la force départementale fut arrêtée, & elle se mit en marche avec l'ordre formel de se rendre aux ordres de la convention ; & pour signe de fraternité, elle emporta avec elle le drapeau qui lui fut donné par la section du Finistère de Paris, après la mémorable journée du 10 août. Les sections de Brest choisirent les citoyens les plus dignes ; & il y auroit eu danger & déshonneur à refuser semblable miſſion. Tandis que nos concitoyens marchoient vers Paris, un nommé *Cail*, du Calvados, vint répandre ſon influence pernicieuſe ſur les adminiſtrateurs du Finiſtère. On changea la marche de la force finiſtérienne, & Caen reçut dans ſon ſein des hommes libres, deſtinés, dans le principe, à ſervir la cauſe de l'indivisibilité, & qui, ſans le ſavoir, ſervoient une cauſe étrangère à leurs cœurs. J'avois oublié de dire qu'à l'instant où il fut queſtion de la force départementale, *Brouſſard*, commandant un bataillon de Paris, fut le seul qui donna des aſſurances conſolantes ſur les deſtinées de la convention, mais qui adhéra cependant à mes propositions, qui conſiſtoient à ſe rendre à Paris pour fraterniſer avec les Pariſiens, & à offrir à la convention une égide contre les ſcélérats de tout maſque. Les députés proſcrits ſe mêlèrent, en quittant le Calvados, avec les Finiſtériens qui retournoient vers leurs foyers; quelques mécontentemens éclatèrent en route, & *Cavellier* vouloit s'oppoſer à ce qu'on les ramenât plus avant. L'administration ſupérieure, informée que ces hommes, frappés d'un décret, reportoient leurs pas vers nos aſyles, députa deux de ſes membres pour arrêter cette deſtination; ils venoient, à cette époque, de quitter les rangs de nos fédérés, &, accompagnés de *Souché*, ils gagnoient les environs de Quimper. Les bruits répandus & les converſations particulières m'ont ſeuls informé de ces détails. Ils arrivèrent enfin, & ce n'étoit point un myſtère : on les regardoit comme des hommes malheureux. Pas un être n'avoit eu le courage de porter la lumière dans l'eſprit de ſes concitoyens. Peu de temps après, je me rendis à Quimper pour affaires du ſervice de la marine & de l'adminiſtration, & j'appris qu'une grande partie des députés avoit vuidé le territoire, & qu'il n'en reſtoit que quelques-uns, retenus pour cauſe de maladie. Les liens de la ſociété m'avoient donné des habitudes dans la maiſon de *Kervélégan* qui étoit le dieu révolutionnaire des cantons circonvoiſins & de Quimper. Ce fut lui-même qui me donna ces renſeignemens ; je le croyois très-patriote, & je lui fis des reproches même de n'avoir pas ſuivi la deſtinée des autres : il me dit ne point vouloir partir. Peu de jours après mon retour à Breſt, *Pouliquen* me parla des moyens de ſauver quelques députés reſtans, toujours conſidérés comme des hommes vertueux : la choſe étoit facile, me dit-il ; j'ai un bâtiment ; tu viendras avec nous, & nous les ſauverons. Je ſentois qu'il étoit bien important de délivrer notre ſol de la préſence de ces députés ; je craignois que les campagnes, ſouvent prêtes à ſe ſoulever, ne vinſſent enfin à s'apitoyer ſur leur ſort : un décret frappoit le conſeil général du Finiſtère, & atteignoit en même temps tous ceux qui avoient agi d'après ſa volonté. Mes parens, & plusieurs de ceux que j'estimois, se trouvoient rangés dans cette classe malheureuse ; & je ne me dissimulois pas que si mon opinion venoit à se réaliser, le territoire du Finistère n'offrît bientôt que l'image d'une Vendée. A tous ces motifs se joignoit la persuasion où j'étois que ces hommes n'avoient point adopté la marche nécessaire à notre révolution, & qu'ils avoient été coupables du manque d'énergie : pénétré de ce sentiment, je restai tranquille jusqu'au moment où *Pouliquen* vint me dire, tout est prêt, demain il faut partir. J'étois malade, j'avois promis, je croyois faire une belle action, je me mis en route. Nous prîmes un bateau de pêche pour nous rendre à Lanvau, delà nous fûmes à Quimper. *Pouliquen* les fit avertir, je crois par le canal d'Abgral. *Kervélégan*, que je ne vis point, ne voulut point être du voyage. Nous nous mîmes de nouveau en route, & les députés, que je n'avois jamais vus, & avec qui je n'avois point eu de relation, se trouverent sur la route aux lieux qui avoient été désignés. L'un d'eux, qu'on dit être *Pétion*, me déplut infiniment, & je le dis à *Pouliquen.* On s'arrêta pour leur donner à manger, ils étoient accablés de fatigue & de craintes, nous arrivâmes à Lanvau, & nous prîmes un bateau de ce pays pour les conduire à bord du bâtiment qui devoit les éloigner de nos côtes, n'ayant point trouvé sur la rive opposée à Brest, un bateau de pêche qui devoit nous y attendre, mais qui s'étoit trompé & avoit manqué au rendez-vous donné par *Pouliquen*. Après avoir labouré la rade pendant une partie de la nuit, nous vîmes, aux approches du jour, le convoi de Bordeaux faisant route pour sa destination; un seul bâtiment restoit encore, nous fimes route vers lui, c'étoit le navire indiqué, ils entrerent, & je crus avoir fait une belle action; si j'avois su que ces hommes étoient coupables, la main qui les servit quelques heures les auroit tous arrêtés. Il est encore deux hommes qui sont venus dans le Finistère & qui ont fait route pour Bordeaux, l'un s'appeloit *Ysarn-Valadi*, & l'autre *le collaborateur de Brissot*; j'ai dû vous dire toute la vérité. Ma patrie est mon Dieu, il ne me reste qu'un vœu à former, c'est de réparer par quelques actions d'éclat l'erreur où m'ont plongé des hommes chargés de nous éclairer, & qui ont indignement rempli les fonctions qui leur avoient été déléguées. *Signé*, BELVAL.

Pour Copie conforme.

LETTRES écrites de Bordeaux dont on a trouvé les copies, remises par le citoyen Guermeur, *commissaire du conseil exécutif.*

NOTRE voyage, mon ami, a été on ne peut pas plus heureux; il devoit l'être: car, comme nous l'avions prévu, il étoit ſans autre danger que celui de la mer. Nous avons rencontré une corvette qui croiſe à la hauteur des Glénans, la flotte nationale & la frégate ſtationnaire à l'entrée de la rivière de Bordeaux. On ne nous a abſolument rien dit. Comme nous faiſions route le long des côtes, nous ſemblions toujours être une barque de pêcheurs. Mais on a coupé les vivres aux habitans, & les ſections ont pris à peu-près le parti de l'obéiſſance. La commiſſion populaire eſt diſſoute, mais ſes membres ne ſont pas en fuite. J'ai vu, & cauſé beaucoup avec la Vaugayon, principal proſcrit. Lyon & Marſeille vont bien; Marſeille, qui avoit d'abord lâchement fui, a repris ſa revanche, & frotté d'importance Cartaux. Si nos amis étoient venus ici, peut-être eût-il été poſſible de renouer tout. On vous deſire beaucoup, lâchez-vous donc; vous trouverez toujours ici, ſûreté & même protection. La correſpondance avec le midi eſt exceſſivement difficile. On pourra m'écrire ici ſous le nom de Leblanc, * négociant, poſte reſtante, juſqu'au dix du mois prochain. Le beau-père à Dupierrat eſt incommodé; il a reçu avec bien du plaiſir des nouvelles de ſon gendre; communiques-lui cette lettre, ſi tu ſais où il eſt. A l'adreſſe eſt écrit: *pour Boiſſier.*

---

* Nous avons appris par nos collégues Tallien & Yſabeau, Repréſentans du Peuple à Bordeaux, que ce M. Leblanc n'eſt autre que M. Duchâtel, ci-devant membre de la Convention Nationale.

JE vous réexpédie, mon cher La Hubaudierre, par le capitaine le Scanvic, votre barque *la Diligente*, & je saisis avec empressement cette occasion de vous réitérer l'expression de ma reconnoissance, pour les soins que vous vous êtes donnés pour nous & nos amis. Notre voyage a été très heureux, ils sont tous en sûreté. L'opinion publique ici n'a pas varié, on y abhorre les tyrans & la tyrannie; mais la commission populaire, cédant aux vœux des sections qu'on a travaillées, s'est dispersée. La majeure partie de ses membres n'est cependant pas en fuite : j'ai vu ici, chez eux, plusieurs des plus proscrits. Faites part de ces nouvelles, les seules intéressantes, à tous ceux qui veulent bien prendre quelque intérêt à notre sort, & à la cause de la liberté. *Signé*, Leblanc. Bordeaux, le 26 août. Ci joint une lettre pour Boissier, & une lettre relative à nos affaires, comme de manière à être montrées, & à vous servir de titre.

Bordeaux, 29 août, l'an 2 de la République.

CITOYEN,

JE me ferois un crime de laisser partir le capitaine, sans vous assurer de toute ma sensibilité, pour les bons & affectueux services que j'ai reçus de vous & de vos amis. Veuillez leur exprimer ma reconnoissance, & combien je désirerois pouvoir vous être utile à tous. Dites, je vous prie, au capitaine, que je le prie de garder les deux métaux que je lui ai confiés, jusqu'à ce que le citoyen Fleurian, de Nantes, mon beau-frère, les lui fasse demander. On lui présentera de sa part, un papier sur lequel l'inscription qui est autour de la médaille sera transcrite. J'y joindrai ma signature actuelle jusqu'à ce moment; je le prie de ne pas s'en dessaisir. Recevez, citoyen, l'assurance de mon souvenir éternel. Votre affectionné concitoyen, Jacques Morant. C'est ici comme chez vous. A l'adresse est écrit, au citoyen *Dalbrade*, procureur-syndic du district à Quimper, département du Finistère.

Bordeaux, le 26 août, l'an 2e &c.

La Hubaudierre, négociant à Quimper.

CITOYEN,

CONFORMÉMENT à l'acte sous seing privé, passé entre nous le 2 de ce mois, n'ayant pas été content de la mâture de votre barque, dont le recarénage ne l'empêchoit pas de faire beaucoup d'eau, je vous la réexpédie par le capitaine le Scanvic. Vous voudrez bien m'en accuser la réception. Ci-dessous est notre compte. Doit le citoyen Leblanc au citoyen la Hubaudierre, pour le fret de la barque *la Diligente*, quatre cent quatre-vingt livres, ci. . . . . 480 l.

Plus, pour les droits d'enregistrement de son acte de propriété, quarante liv., ci. . 40 l.

TOTAL. . . . . 520 l.

Doit le citoyen la Hubaudierre au citoyen Leblanc, pour prix de sa barque qu'il lui a soldée, la somme de quatre mille livres, ci. . 4000. l.

Partant, le citoyen la Hubaudierre est redevable au citoyen Leblanc, de la somme de trois mille quatre cent quatre-vingt liv., ci. 3480 l.

SUR laquelle somme il lui plaira payer, à vue, au citoyen le Scanvic ou à son ordre, sur lettre d'échange qu'il gardera pour sa sûreté, celle de six cens livres; & au citoyen Chauvin, négociant à Nantes, ou à son ordre, celle de deux mille trois cent quatre-vingt livres; lesquelles sommes réunies, feront bien celle de trois mille quatre cent quatre-vingt livres. J'ai l'honneur d'être avec fraternité votre concitoyen le Blanc. Pour adresse est écrit, au citoyen la Hubaudierre, négociant à Quimper.

LES BRESTOIS
A LA
CONVENTION NATIONALE.

REPRÉSENTANS DU PEUPLE,

L'ACCEPTATION de l'acte constitutionnel, devoit rallier tous les français autour de l'autel de la patrie; mais, avec de l'or, Pitt a femé parmi nous la trahifon, & organifé la calomnie. Corrompre les âmes vénales, & quel peuple n'a pas fon écume? altérer notre confiance en vous, vous alarmer fur notre devouement; telles font les combinaifons du fyftême atroce par lequel nos ennemis efpèrent diffoudre le faifceau qu'ils effayeroient en vain de rompre. En garde contre ces manœuvres perfides, jugeant tous les français par nous-mêmes, nous repouffons avec horreur l'idée de l'infigne trahifon, qui rendroit nos plus implacables ennemis maîtres de l'efcadre & du port de Toulon. Peignez-vous donc, s'il eft poffible, notre fureur & notre indignation, lorsque les députés du peuple nous eurent confirmé cette nouvelle défaftreufe! non, fans leur témoignage, nous n'euffions jamais cru à cet horrible attentat, à cette infâme perfidie. Citoyens habitans, marins, militaires, ouvriers, femmes, enfans, tous étoient réunis; un cri unanime s'eft élevé: *Périffent les traîtres*!.... Périffons tous, plûtôt que de voir flotter au milieu de nous un pavillon étranger. Vive la république! Deux de nos collégues ont recueilli ces fentimens; ils vous diront avec quelle énergie plufieurs milliers de français les ont exprimés. Une adreffe brûlante va les faire paffer dans le cœur des marins de nos efcadres fur l'Océan. Nous leur annoncerons que vous avez retranché les monftres de la famille des hommes libres, & nous leur déclarerons qu'ils ne seront admis dans notre sein, qu'après avoir rougi du sang des ennemis le pavillon blanc, qui doit devenir pour tous les traîtres, le crèpe de la mort.

PUNIR le crime, c'est croire à la vertu: écartez donc, législateurs, déchirez l'absurde tissu des calomnies dirigées contre nous. Auriez-vous oublié ce que nous avons fait pour la liberté, pour l'égalité, pour la république? notre sang a scellé nos sermens, il fume encore sous vos yeux, il a purifié l'enceinte où vous siégez, jadis le repaire du tyran, & si ce n'est pas assez, & si nos détracteurs écoutent encore une inquiete sollicitude, qu'ils apprennent que nous avons sucé avec le lait l'horreur du nom anglais; qu'ils apprennent qu'une haine éternelle existe entre ce peuple & nous. Elle fut quelque temps assoupie par des principes de fraternité universelle, fruit d'une douce, mais chimérique philantropie: elle s'est réveillée plus terrible, quand nos espérances ont été déchues; elle s'est tournée en rage, depuis que nous sommes menacés du fléau de la royauté. Des Français reçevoir un roi! . . et le reçevoir de la main des anglais! . . Quel monstre privé de tout sentiment d'honneur & d'intérêt, a pu concevoir un pareil soupçon? Qu'il conduise sous nos murs ses hordes scélerates, il ne les ramenera pas entières. Vous verriez alors les habitans des campagnes réunis enfin à ceux des vllles, ſe précipiter en maſſe ſur ces ennemis nés abhorrés par nos pères, exécrés par nous, & déjà déteſtés par nos enfans. Le fanatiſme, il eſt vrai, déſola nos campagnes, le cultivateur s'éloigne encore de nous : mais à l'approche des anglais, confondus dans un ſeul ſentiment, preſſés par l'intérêt commun, ils marcheroient à la victoire ou à la mort.

LÉGISLATEURS, la nature & l'éducation, voilà nos garans: affections, habitudes, beſoins, caractère, tout devient pour nous autant de gages de nos ſermens. N'en doutez pas, les décombres de Breſt, les cadâvres de ſes habitans pourront combler ſon port, mais jamais les anglais n'y entreront.

Signé, Belval, *commiſſaire* ; Thomas Raby, *commiſſaire* ; J.-B. Meriennes, *commiſſaire ;* Amable Caſtelneau, *commiſſaire.*

Pour Copie conforme.

AUJOURD'HUI ſept Août mil ſept cent quatre-vingt-treize, l'an 2e. de la République Françaiſe.

SUR le compte qui nous a été rendu ce matin par le Citoyen Jacques Malezac, maître d'équipage du vaiſſeau de l'état le *Northumberland*, commandé par le Citoyen Thomas, capitaine de vaiſſeau, qu'une partie des manœuvres du vaiſſeau avoit été coupée pendant la nuit derniere ;

NOUS capitaine commandant, officiers de l'état major, & officiers compoſant la maiſtrance dudit vaiſſeau, nous ſommes tranſportés de ſuite ſur le gaillard d'avant, pour y vérifier les dégats annoncés par ledit maître d'équipage, où nous avons unanimement reconnu *que toutes les rides des haubans de miſaine, une grande partie des rides de gal-hauban de petit mât de hune, les garans de caliorne de bas de miſaine, les driſſes du petit hunier, un gal-hauban du petit perroquet à bâbord, les haubans de bout-dehors, les écoutes du grand foc, la driſſe du perroquet de fougue, & un des bâtards de racage de perroquet de fougue*, ont été coupés en pluſieurs endroits ; qu'un pareil délit n'ayant pu être commis par un ſeul homme, nous avons fait des perquiſitions pour tâcher de découvrir les coupables, mais qu'aucun d'eux n'eſt point encore parvenu à notre connoiſſance ;

QUE néanmoins le citoyen Bazile, timonnier, a rapporté avoir entendu dire au nommé *Jean Guenezan*, matelot du Croiſic, à la paye de 33 liv., *que ſi le vaiſſeau mettoit ſous voiles demain*, l'équipage ſeroit des ſots, & que le même Guenezan a été accuſé par Pierre-François Mainier, matelot de Rouen, à 27 liv., d'avoir dit, le premier Août, jour où nous découvrîmes vingt-ſix voiles, » que » ſi nous allions nous fourrer parmi eux, nous » étions foutus, que l'armée étoit trop foible » ; &

qu'il avoit aussi témoigné les mêmes craintes en présence de Pierre Duflocq, matelot de Rouen, à 23 liv. & de Pierre Gerard, matelot du Croisic à 30 liv. en disant « qu'il avoit déjà vu plusieurs com- » bats, & qu'il craignoit d'avoir la gueule cassée »;

Que le citoyen Sauvage, aspirant, a accusé avoir entendu dire aussi, au nommé *Jacques Meslin*, matelot de Granville à 33 liv. « qu'il n'étoit pas né- » cessaire de se battre pour les grosses têtes qui » sont à terre; que l'on n'est pas mieux traité » actuellement qu'on ne l'étoit ci-devant; que » l'on donnoit de la viande salée à l'équipage au » lieu de la soupe qu'il mangeroit en place, »; & qu'il avoit été applaudi dans ses propos par le nommé Jean Devaux, dit Pichon de la Teste; que le citoyen Jean Lenoir, matelot voilier du département des Vosges, à 24 liv., nous a aussi rapporté avoir entendu dire à *Jean-Baptiste-Nicolas Hedou*, aide canonnier des classes de Dieppe, à 30 liv., le jour que l'on apperçut les 26 voiles; » Qu'il voudroit qu'il y eût autant de vaisseaux » dans l'escadre anglaise, qu'il y a d'étoiles dans » le ciel, pour nous prendre ».

Le citoyen Nicolas Marc, soldat du premier régiment du détachement de la marine, est venu déposer que le nommé *Jean Guenczan* (premier accusé), étant attroupé avec cinq ou six autres de l'équipage sur le gaillard d'avant, le 6 août, environ les 8 heures du soir, a dit à un autre qui vouloit entrer dans le cercle : » Si vous êtes » un mouchard pour rapporter ce que l'on dit, » vous allez le ſavoir ».

Le citoyen Joſeph Guenec, matelot d'Aurai, à 27 liv., dépoſe auſſi avoir entendu, le 6 de ce mois, environ les 7 heures et demie du ſoir, les nommés *Nicolas Lemerle*, de Fécamp, à 27 liv., & *Jean Dumeſnil*, timonnier de Rouen, à 36 liv., faire la converſation le long de la liſſe du paſſavant où ils étoient, & que l'un d'eux, nommé Lemerle, avoit dit entr'autres choſes : » Que le » capitaine étoit un bougre, qu'il n'étoit pas pa» triote, & que ſi nous étions ſortis ſans les » ordres du commandant, il auroit refuſé l'ou» vrage ».

Le citoyen Jean-Marie Godec, de Roſcoff, à 27 liv., a également dépoſé avoir vu enſemble les nommés *Nicolas Lemerle* & *Jean Dumesnil*, & entendu par le premier (Lemerle) le même propos dont l'a accuſé Joſeph Guenec ; & dire par le ſecond (Jean Dumesnil) : » que ſi le bâtiment ſortoit ſans le commandant de l'escadre, il ne feroit pas d'ouvrage ; qu'il y avoit un gabier qui avoit déjà fait campagne avec le capitaine ; qu'il étoit dans le cas de dire qu'il étoit trop dur envers l'équipage ; que le dépoſant Godec, témoin de la converſation des deux accuſés, ſe mit à dire, en continuant ſon ouvrage, ſans s'adreſſer directement aux accuſés, qu'il avoit fait auſſi campagne avec le capitaine sur la frégate *l'Aglaée*, commandée par M. de Paroy, & qu'il l'avoit dès ce moment connu pour se faire aimer de tout le monde.

QUE les discours desdits *Guenezan*, *Merlin*, *Hedou*, *Lemerle* & *Dumesnil*, nous ayant paru de nature à les faire soupçonner ou d'être les auteurs du délit ci-devant exposé, ou d'y avoir participé, nous les avons fait mettre aux fers jusqu'à nouvel ordre, & qu'il ait été fait un rapport par un jury établi à cet effet.

DE tout quoi nous avons dressé le présent procès-verbal, que nous avons signé & fait signer par les déposans pour servir au besoin.

FAIT à bord du *Northumberland*, mouillé avec l'armée de la république en rade de Belle-Isle, les jour & an ci-dessus.

SUIVENT les signatures en grand nombre.

ET ledit jour, sept août mil sept cent quatre-vingt-treize, d'après les diverses dépositions énoncées dans le procès-verbal de l'autre part rapporté.

LES soussignés réclament l'établissement d'un ou plusieurs jurys, à l'effet de prendre de nouvelles informations contre les nommés *Jean Guenezan*, *Jacques Merlin*, *Jean-Baptiste Nicolas Hedou*, *Nicolas*

Nicolas Lemerle & Jean Dumesnil, pour, d'après les rapports desdits jurys, être statué ce qu'il appartiendra.

Signé, DURAND, *Officier de quart.*

MALEJACQUE.

SOIT fait ainsi qu'il est requis.

Le capitaine de vaisseau commandant le Northumberland.

Signé THOMAS.

A bord du Terrible, *en rade de Quiberon, le* 15 *Septembre* 1793, *l'an* 2e. *de la République, une & indivisible.*

CITOYEN MINISTRE,

J'AI l'honneur de vous rendre compte que la Frégate *la Sémillante*, commandée par le capitaine Larmel, est rentrée aujourd'hui pour me faire le rapport de ce qu'il avoit appris par deux bâtimens Lubeckois, dont un, allant d'Amsterdam à Bordeaux, lui avoit rapporté (chose que je ne crois pas) qu'il avoit vu dans la baie de Plimouth cinquante vaisseaux de guerre désarmés, faute de matelots; qu'il y avoit beaucoup de troubles en Hollande, ce qui peut être, & ce que je desire qu'il soit vrai: l'autre bâtiment a dit n'avoir rencontré que deux frégates anglaises vers le Cap-Lezard.

La Frégate *la Carmagnole*, également rentrée pour le même objet, m'a rendu compte avoir visité, le 13, un Américain venant de Londres d'où il étoit parti le 2, que, le 3, ce bâtiment avoit vu une flotte (celle de la Jamaïque) de cent dix voiles, mouillée au-dessous de Douvres, & que le 11, il avoit vu une escadre anglaise de quinze vaisseaux & deux frégates, croisant à une lieue de l'Isle d'Ouessant. Ce rapport me paroît d'autant plus croyable, que les Citoyens Députés de l'Isle de France à la Convention Nationale, étoient embarqués sur ce bâtiment, & ont confirmé le rapport de ce capitaine.

La Frégate *la Proserpine* est également rentrée aujourd'hui, elle m'a fait le rapport que le 13 elle avoit visité un bâtiment danois, portant de Bergues en Norwège, à l'Orient, une cargaison de rogue; que le capitaine de ce bâtiment lui avoit dit avoir rencontré, le 9, courant entre Plimouth & Gaudellet, quatre-vingt-dix à cent voiles, dont il en avoit reconnu de 50 à 60 pour bâtimens de guerre, tant vaisseaux que frégates, ce que son Journal a constaté. Le capitaine Blavet ajoute que ledit jour 13, il avoit visité un autre bâtiment danois, allant de

Chriſtiendak à l'Orient, chargé de planches ; que le capitaine de ce bâtiment lui avoit déclaré avoir vu en rade de Portſmouth, quatre-vingt bâtimens de guerre, tant vaiſſeaux que frégates ou corvettes, parmi leſquels il y avoit pluſieurs vaiſſeaux à trois ponts ; il a ajouté qu'il avoit été viſité, par le travers de Douvres, par quatre vaiſſeaux de ligne.

SI ces rapports étoient vrais, il réſulteroit d'un nombre auſſi conſidérable de vaiſſeaux, que les Ruſſes auroient effectué leur jonction, ce qui ſeroit contradictoire avec les nouvelles d'Hambourg que vous m'avez tranſmiſes. Tout me porte à croire que le rapport fait à la *Carmagnole* eſt le plus probable, d'autant qu'il eſt confirmé par deux citoyens Français, députés à la Convention nationale.

D'APRÈS les mouvemens qui ſe ſont manifeſtés parmi les équipages de pluſieurs vaiſſeaux, dont j'ai l'honneur de vous rendre compte par une autre dépêche, en date de ce jour, & le deſir bien prononcé qu'ils ont manifeſté de rentrer à Breſt, je crains de ne pouvoir faire exécuter les ordres que vous m'avez tranſmis par votre dépêche en date du 4 de ce mois, relativement au convoi hollandais qu'il eſt queſtion d'intercepter ; cette crainte eſt d'autant plus fondée, que deux des vaiſſeaux déſignés pour cette expédition ont éprouvé les mouvemens convulſifs qui ſe ſont manifestés à bord de quelques autres, & que le vœu prononcé par la majorité des équipages est de rentrer à Brest, ce qui vous est confirmé par une copie de la pétition de ces mêmes équipages, qui est jointe à mon autre lettre. Avec la méfiance qui s'est introduite parmi eux, au moment de la séparation de cette division, ils ne manqueroient pas de crier à la trahison, & de se refuser à suivre les ordres que je donnerois. Ma crainte à cet égard est d'autant plus fondée, citoyen ministre, que les insurrections qui viennent d'avoir lieu, prouvent évidemment que j'ai eu le malheur de perdre leur confiance, quoique je puisse affirmer avec vérité que toujours ferme dans les principes d'un bon citoyen, je n'ai rien fait pour mériter de la perdre, c'est ce qui me détermine à vous réitérer avec instance la demande que je vous ai déjà faite plusieurs fois de quitter le commandement de l'Armée navale. Les mouvemens qui viennent d'avoir lieu, prouvent clairement que si vous persistez à me laisser au commandement de cette Armée, qui a été fortement compromise, vous laisseriez aux désorganisateurs une arme de plus qu'ils tourneront avec succès contre le bien de la patrie.

Si le hasard ne m'eût pas fait naître dans une classe qui excite la défiance, je me flatte, que les malveillans n'auroient pu trouver un prétexte pour me faire perdre la confiance des équipages, & même celle de quelques officiciers des états-majors des vaiſſeaux. *Signé*, MORARD-DE-GALLES.

P.S. J'ai reçu, citoyen Miniſtre, votre dépêche du 11 de ce mois, qui m'annonce le décret que la Convention Nationale vient de rendre, & qui déroge à celui du 3 de ce mois; je me conformerai aux diſpoſitions énoncées dans votre dépêche pour les ordres que je vais donner aux bâtimens de l'armée. *Signé*, MORARD-DE-GALLES.

A bord du *Terrible*, à Quiberon, le 15 Septembre 1793, l'an deuxième de la République, une & indiviſible.

Le Vice-Amiral commandant l'Armée navale de la République, au Citoyen Miniſtre de la Marine.

LES circonſtances affligeantes pour un vrai Républicain qui continue à faire ſes efforts pour bien ſervir ſa patrie, ne m'ont pas permis de répondre auſſi-tôt que je l'aurois voulu, à votre lettre du 9 de ce mois, qui m'eſt parvenue le 12 au ſoir, avec les exemplaires de l'adreſſe de la Convention nationale aux Français des départemens du Midi, relative à l'infâme trahiſon des exécrables Toulonnois..... Je me ſuis empreſſé de la répandre à bord des vaiſſeaux de l'armée, & j'en ai preſcrit la lecture aux équipages aſſemblés, perſuadé que pénétrés de la même indignation que j'éprouvai en apprenant cette déſaſtreuſe nouvelle, ils auroient partagé les mêmes ſentimens que je reſſentois.

La lecture de cette adreſſe, Citoyen Miniſtre, a produit des effets bien différens; à bord de l'*Indomptable*, elle a redoublé l'énergie & le zèle des officiers & de l'équipage, ils ſe ſont empreſſés de m'en donner l'aſſurance; mais après cette députation qui avoit un peu diſſipé ma douleur, il s'en eſt préſenté une de l'*Auguſte*, entièrement effervefcente, qui m'a demandé hautement à conduire l'armée navale à Breſt, menacé ſans doute, diſoit-elle, d'un ſort ſemblable à celui de Toulon, & penſoit nos vaiſſeaux expoſés à être bloqués & détruits; j'ai fait mon poſſible pour raſſurer les Marins qui compoſoient cette députation, & les ramener au courage que les circonſtances exigent, mais mes intentions ont été détruites par les propos véhémens du citoyen Crevel, aſpirant, qui a dit parler au nom de tout l'équipage. J'ai annoncé à la députation que, ferme dans mon devoir, j'attendrois les ordres du conſeil exécutif pour faire rentrer l'armée à Breſt; j'ai même traité l'aſpirant Crevel de contre-révolutionnaire; la manière dont il s'annonçoit me donnoit lieu de croire qu'il étoit un chef d'émeute; l'aſpirant Baron, du même vaiſſeau, m'a paru dans les mêmes principes; cette députation s'eſt retirée en ſemant des propos agitateurs. Peu à près une députation du *Suffren*, moins effervefcente, mais auſſi ferme dans ſes réſolutions, eſt venue m'annoncer que l'équipage de ces vaiſſeaux, craignant pour Breſt, & voulant ſauver les vaiſſeaux de l'armée, demandoient à faire route au plutôt pour ce port: j'ai répondu à cette députation comme à la précédente; j'ai cherché à affoiblir ſes craintes, à ranimer ſon courage, & à l'engager à attendre avec patience les ordres qui nous ſeroient donnés; tout a été inutile: en ſe retirant, ainſi que celle de l'*Auguſte*, elle a invité l'équipage du *Terrible* à ſuivre les ſentimens de celui du *Suffren*; ces exhortations ont malheureuſement produit leur effet, & tous les ſoins des officiers ont à peine calmé l'effervefcence qui ſe manifeſtoit, lorſqu'une députation de la *Bretagne* & du *Téméraire*, vinrent annoncer l'effet qu'avoit produit à bord de ces deux vaiſſeaux la nouvelle affreuſe de Toulon, & combien elle avoit redoublé leur courage, & leur deſir de reſter à leur poſte; un parfait ſilence, ou des cris d'improbation furent les ſeules réponſes qu'elles obtinrent de l'équipage du *Terrible*. J'eſpérois cependant, citoyen miniſtre, que le bon exemple que donnoient quelques vaiſſeaux, étoufferoit les cris des malveillans, car il y en a ſans doute, & rameneroit les équipages ſéduits; mais quelle a été ma douleur, au jour le matin, vers quatre heures, en appercevant les huniers hiſſés à bord des vaiſſeaux *le Suffren*, *la Convention*, *le Tourville*, *l'Achille*, *le Superbe*, *l'Auguſte*, *le Northumberland* & *la Révolution*!

ANIMÉ par mon amour pour ma Patrie, je n'ai pas héſité un moment à me tranſporter à bord de ces vaiſſeaux; j'ai écouté les demandes des équipages, je leur ai remontré combien elles étoient en oppoſition avec leur devoir, en contrariant les vues que la Convention Nationale peut avoir ſur l'emploi des forces de la République.

A bord du *Tourville*, premier vaiſſeau à bord duquel j'ai été, accompagné des généraux Landais & Kerguelen, les cris, *à Breſt*, *à Breſt*, ont ſouvent coupé ma voix, & le ſeul moyen de calmer leur eſprit, prêt à forcer l'appareillage, quoique les vents fuſſent contraires, a été la promeſſe d'aſſembler un conſeil où aſſiſteroient un des officiers des vaiſſeaux, & un citoyen de chaque équipage, choiſi par l'équipage même; à ce prix, joint aux exhortations preſſantes, l'on a conſenti à amener les huniers; mais à peine avois-je quitté le bord, qu'ils ont été de nouveau rehiſſés, ce ſpectacle m'a navré de douleur.

A bord de l'*Auguſte* où je me ſuis tranſporté enſuite, j'ai trouvé les eſprits dans les mêmes diſpoſitions, même crainte ſur Breſt, même crainte pour l'armée; ces craintes, il nous a été impoſſible de les détruire: après beaucoup d'inſtances cependant, & la promeſſe de la tenue du conſeil, l'équipage a conſenti à amener les huniers; le vaiſſeau la *Révolution*, placé près de l'*Auguſte*, a auſſi-tôt amené les ſiens; j'ai été de l'*Auguſte* au *Northumberland*; lorſque jai été à bord de ce vaiſſeau, le capitaine Thomas qui le commande, m'a dit que ſon équipage étoit en révolution, mais non en inſurrection; qu'il lui avoit demandé à hiſſer les huniers, qu'il lui avoit répondu que ſi cela leur faiſoit plaiſir, il le vouloit bien auſſi; cet équipage étoit calme, & n'a pas pouſſé de cri ſéditieux, comme celui de l'*Auguſte* & du *Tourville*; il a juré d'obéir.

NOUS avons enſuite été à bord de la *Révolution*; j'ai témoigné le plaiſir que j'avois de les avoir vu rentrer dans l'ordre; cependant le deſir d'entrer à Breſt à été fortement annoncé, & motivé par les mêmes craintes.

APRÈS avoir quitté la *Revolution*, j'ai dirigé ma route ſur le *Suffren*, en engageant le *Tourville*, qui avoit encore ſes huniers hauts; j'ai invité l'équipage, au nom de la PATRIE!, au nom de leur ferment, de les amener; je faiſois même virer le canot pour retourner à bord de ce vaiſſeau, & rendre mes invitations plus preſſantes, lorſque je vis amener les huniers. Ce retour à l'ordre a ranimé mon ardeur. Arrivé à bord du *Suffren*, le capitaine Obet m'a annoncé que ſon équipage égaré avoit le premier hiſſé les huniers, & annonçoit à grands cris ſon deſir de partir pour Breſt. Ici, citoyen miniſtre, j'ai trouvé les mêmes craintes pour le port & l'armée, j'ai vainement, de concert avec les contre-amiraux dont j'étois accompagné, cherché à les diſſiper; elles étoient alimentées par la fauſſe nouvelle que l'armée anglaiſe étoit ſignalée à l'Orient & ſur la côte, où paroiſſoit, dans ce moment, le ſignal de l'une de nos frégates; enfin cependant, l'effervefcence calmée en partie par l'exemple des autres vaiſſeaux ſe diſſipa, & les huniers furent amenés; mais nous ne pûmes parvenir à éloigner les craintes, elles avoient fait une impreſſion profonde.

Le *Superbe* & l'*Achille* qui avoient des premiers imité l'exemple du *Suffren*, avoient ceſſé de bonne heure de l'imiter, car leurs huniers, qu'ils avoient hiſſés & amenés à pluſieurs repriſes, avoient été définitvement amenés pendant le tems que j'avois paſſé à bord du *Northumberland*; revenu à bord du *Terrible*, j'y ai trouvé les eſprits agités & inquiets, mais les ſoins infatigables du capitaine Bonnefous, ſecondé des officiers, prévinrent un mouvement. Je ne ſaurois vous dépeindre, citoyen miniſtre, ce que j'ai éprouvé à bord des différens vaiſſeaux; mon cœur étoit déchiré lorſque je voyois mes exhortations infructueuſes, & que je réfléchiſſois aux ſuites funeſtes que cette effervefcence de quelques équipages pouvoit occaſionner, efferveſcence cependant, j'aime à le croire, cauſée par l'amour de la PATRIE. Je ne puis me diſſimuler qu'ils ſont excités par pluſieurs faux bruits répandus dans les vaiſſeaux.

ON m'a rapporté qu'une femme, à terre, avoit dit à un matelot ; *coupez vos câbles, & vous ne manquerez de rien, vous aurez de l'or à volonté.* J'ai ordonné des perquiſitions pour connoître cette femme ſcélérate que l'on n'a pu encore reconnoître.

DANS l'aprés-midi, tous les vaiſſeaux étant prévenus de l'aſſemblée que j'avois convoquée à bord du *Terrible*, j'ai appelé les généraux, capitaines & officiers, ils étoient accompagnés d'un député de chacun des équipages.

JE leur ai rappelé les motifs de la relâche de l'armée, donné connoiſſance des ordres qui la retenoient hors de Breſt ; je les ai invités à l'obéiſſance à la volonté nationale ; je les ai preſſé de faire encore le ſacrifice de quelque tems, que tout m'annonçoit ne devoir pas être long ; enfin je leur ai dit que j'étois prêt à les entendre. La majorité des députés a fortement prononcé le vœu de rentrer au plutôt à Breſt, ſans attendre d'ordres ultérieurs, un jour de retard, diſoient-ils, pouvant leur en interdire l'entrée ; ils motivoient encore leur vœu ſur le deſir de défendre Breſt, qu'on leur a, diſent-ils, annoncé ſans défenſe ; d'autres vouloient députer vers vous & la Convention Nationale, pour vous faire connoître leurs craintes & leur deſir de ſauver les vaiſſeaux de la République, & attendre votre réponſe avant de rentrer à Breſt ; d'autres députés enfin, en petit nombre, je le dis avec douleurs, promettoient obéiſſance entière ; leur attitude, leur expreſſion, tout annonçoit la vérité de leur promeſſe.

Enfin, après 6 heures de ſéance, les députés demandèrent à revenir ce matin, inveſtis d'une nouvelle confiance ; je le leur accordai, & comme pluſieurs vaiſſeaux avoient manifeſté des ſentimens abſolument contraires, je les invitai à la fraternité, & nous jurâmes de reſter unis. Qu'il me feroit doux, citoyen miniſtre, de ramener cette union ! je le dis avec douleur, la défiance, peut-être néceſſaire, eſt notre plus grand mal ; les malveillans, en faiſant toutes les menaces, ne négligent rien de ce qui peut leur faire atteindre leur but. Dans la ſoirée, & dans la nuit ſans doute, des canots ont parcouru la rade, & ont répandu de nouvelles ſemences de trouble, car ce matin quelques mouvemens ſe ſont encore manifeſtés à bord de pluſieurs vaiſſeaux, mais ils n'avoient pas le caractère violent de ceux d'hier.

A 9 heures, les officiers & les députés des équipages ſe ſont réunis de nouveau ; j'ai vu avec plaisir que ces derniers étoient un peu plus calmes; appelés successivement, ils ont presque tous manifesté le desir de rentrer à Brest, pour sauver l'armée qu'ils croient fortement exposée à la mer, comme au mouillage, où ils sont peu rassurés sur le patriotisme des habitans de ces côtes; cependant le plus grand nombre, fidèle à la voix de la Convention, a résolu d'attendre vos ordres, ou les siens, pour rentrer à Brest, mais a décidé qu'il vous seroit expédié un de leurs députés pour vous le demander promptement; trois m'ont sommé de rentrer sur le champ, & plusieurs autres m'ont fortement invité à rentrer sans attendre de nouveaux ordres.

Les députés ont énoncé leur vœu, auquel le petit nombre s'est réuni. J'ai vu avec plaisir, citoyen Ministre, cette majorité se prononcer en faveur de l'ordre; ce n'est pas encore un ouvrage achevé, mais j'ose espérer que le calme renaîtra, déjà des rétractations ont eu lieu, cet après-midi, lorsque l'assemblée s'est réunie de nouveau pour entendre la lecture de l'adresse à la Convention nationale. Mais il ne faut pas se le dissimuler, ce calme apparent disparoîtra. Si le vent devient favorable, j'en profiterai aussitôt pour mettre sous voile, & suivant le temps & la disposition des esprits, je ferai route pour Brest, la prudence ne permettant pas de tenir la mer avec des mâtures avariées, & la plupart des vaiſſeaux n'ayant que peu d'eau & de bois, les maladies continuant leurs progrès, les remplacemens étant nuls par le débarquement continuel des malades. J'ai l'honneur de vous prévenir que le citoyen Verneuil, ſoldat au premier régiment d'infanterie de la marine, a été nommé député pour vous porter, ainſi qu'à l'aſſemblée nationale, l'adreſſe des équipages. Il partira demain matin, ainſi que le citoyen Conor, chef de timonnerie de *la Côte-d'or*, député vers les repréſentans du peuple à Breſt ou à l'Orient, auxquels j'ai écrit, pour les informer des événemens qui ont eu lieu dans l'armée, & pour les inviter à venir à bord des vaiſſeaux, y ramener la confiance & le zele. Vous trouverez ci-joint, citoyen miniſtre, un double de l'adreſſe à la convention nationale, dont le député des équipages des bâtimens de l'armée eſt porteur. *Signé*, MORARD-DE-GALLES.

Première Diviſion.

A bord du Terrible, *à Quiberon, le 18 ſeptembre 1793, l'an 2 de la République, une & indiviſible.*

A peine mes dépêches du 15, qui vous ſont parties par un courier extraordinaire, étoient-elles parties de bord, le 16 à 6 heures du matin, que j'eus la douleur de voir le vaiſſeau l'*Indomptable*, dont l'équipage avoit été juſqu'à ce moment l'exemple du bon ordre & de l'obéiſſance, donner le ſcandale de hiſſer ſon petit hunier. Ce mouvement en occasionna un à bord du *Terrible*, que la fermeté du capitaine Bonnefous, unie à la douceur, parvint, après beaucoup de peine, à calmer. Le petit hunier à *l'Indomptable* fut amené, aussitôt que le capitaine Bruis, qui le commande, fut instruit de cet acte d'insubordination.

J'AI l'honneur de vous informer, citoyen ministre, que d'après le vœu trop fortement prononcé de la part des équipages, de mettre à la voile pour rentrer à Brest, quoique les vents soient toujours contraires pour sortir de cette baie, je n'ai pas cru devoir obtempérer à la demande que le citoyen Lafargue, commandant la *Bellone*, m'a faite de lui envoyer 60 marins pour aider à démâter cette frégate, pour ne pas donner de prétexte aux malveillans & aux agitateurs, qui saisiroient cette occasion pour causer un nouveau soulevement. Car, si j'envoyois les marins, ils ne manqueroient pas de dire, comme ils l'ont déjà répandu, que je retenois l'armée ici jusqu'à ce que l'ennemi vienne en force pour la détruire ; quoiqu'il soit bien évident, que depuis que le déchargement des bâtimens de transport est achevé, les vents qui ont régné n'ont pas permis qu'une armée eût pu sortir de cette baie.

LE citoyen Lafargue m'a aussi fait entendre qu'il auroit besoin d'une frégate pour remorquer *la Bellone* à l'orient ; comme je n'apperçois pas le même inconvénient à accorder cette demande, je lui ai répondu que j'en deftinerois une, auffitôt qu'il m'en feroit la demande.

Je me propofe d'affembler aujourd'hui un confeil martial, pour juger un novice du Vaiffeau *la Bretagne*, jugé coupable par le jury, & à l'égard duquel le confeil de juftice a déclaré fon incompétence ; j'aurai l'honneur de vous adreffer le jugement du confeil martial.

Deux hommes de l'équipage du vaiffeau *le Suffren*, prévenus d'avoir tenu des propos féditieux, & d'avoir dit quil falloit couper les câbles, ont été mis au jury ; ils ont été déchargés d'accufation, ce qui arrive, & ce qui arrivera prefque toujours, tant que les membres du jury feront choifis dans l'équipage dont font les prévenus, & ce qui met obftacle à la févérité que vous me prefcrivez par votre depêche du 7 de ce mois.

La journée d'hier a été tranquille, ce que j'attribue au mauvais temps qu'il a fait ; car je ne puis me perfuader que les agitateurs aient caché leurs manœuvres perfides. Soyez affuré, citoyen miniftre, que je ne négligerai aucun moyen pour les découvrir ; je crois connoître les vaiffeaux d'où les calomnies font parties, et quelques-uns des individus qui les ont fait circuler ; mais n'ayant pas des preuves écrites & fignées, je ne puis les dénoncer. *Signé*, MORARD-DE-GALLES.

A

A bord du Terrible, *le 18 septembre 1793, l'an 2 de la République française, une & indivisible.*

Je reçois chaque jour des réclamations des officiers & autres citoyens servant dans l'armée, qui, ayant reçu leurs appointemens & traitemens en anciens assignats, éprouvent infiniment de difficultés à les faire accepter; plusieurs même n'ont pu en faire recevoir en paiement de denrées; cependant, citoyen Ministre, il seroit bien cruel que, dans l'impossibilité où leur service les met de faire un échange nécessaire, ils fussent exposés à une perte que la plupart pourroit difficilement supporter.

J'appelle votre sollicitude sur les réclamations qui, ainsi qu'à moi, vous paroîtront sans doute mériter celle de la Convention nationale, à qui je vous prie de vouloir bien les faire connoître. *Signé*, MORARD-DE-GALLES.

1re. Division. *A bord du* Terrible, *à Quiberon, le 19 Septembre 1793, l'an 2e. de la République, à 11 heures du soir.*

Citoyen Ministre, j'ai l'honneur de vous prévenir que, les vents étant favorables pour sortir de cette baie, je compte appareiller demain matin, quoique, par une lettre du 9 au soir, je vous ai mandé que j'attendois ici les ordres que je vous ai demandés par un courier extraordinaire.

Les insurrections qui ont eu lieu dans plusieurs vaisseaux, le 13, & dont j'ai eu l'honneur de vous rendre compte par un courier extraordinaire, le 18, ainsi que le desir trop fortement prononcé par les équipages de tous les vaisseaux de rentrer à Brest, m'imposant la cruelle nécessité d'y ramener l'armée. Les Marins ont poussé l'oubli de leur devoir à un tel point, que si je persiste à tenir la mer, en supposant que l'équipage du *Terrible* ne me forçât pas à rentrer, la plupart des vaisseaux m'abandonneroit, l'obéissance n'étant actuellement qu'un mot dans la bouche des marins.

Quoique très-incertain que la Division que j'ai, conformément à votre dépêche du 4 de ce mois, destiné à intercepter le convoi des Hollandais, destiné pour l'Espagne & le Portugal, veuille suivre sa destination, je donne toujours les ordres en conséquence, & pour prévenir la commotion qui pourroit avoir lieu parmi les équipages des vaisseaux qui composent cette division, au moment où elle devra se séparer de l'armée; après m'être conseillé avec le contre-amiral Landais & les capitaines de ces vaisseaux, nous avons estimé qu'il seroit prudent, au moment où tous les vaisseaux seroient sous voile, de donner connoissance aux équipages qu'ils sont destinés à faire une croisiere où ils doivent faire beaucoup de prises, dans l'espoir que l'appât du gain les déterminera à ſuivre leur deſtination; ſi ce moyen ne réuſſit pas, citoyen Miniſtre, je n'en connois pas d'autre avec ces hommes égarés au point d'oublier le plus ſacré de leurs devoirs, qui eſt l'obéiſſance, & le ferment qu'ils ont tant de fois réitéré.

CETTE Diviſion ſera compoſée des vaiſſeaux *la Côte-d'or*, *l'Impétueux*, *le Jean-bart*, *l'Achille*, *le Northumberland & le Tigre*; & des Frégates *la Galathée*, *la Sémillante* & *l'Engageante*.

JE laiſſe ici *la Proſerpine* pour remorquer *la Bellonne* à l'Orient, où le capitaine Blavet recevra les ordres du commandant d'armes de ce port; je garde avec l'armée, *l'Inſurgente*, *la Carmagnole* qui, outre qu'elle a ſes hunes avariées & n'en a plus de petites de rechange, ſe trouve dépourvue de bois au point que j'ai été obligé de lui en faire donner cinq cordes du vaiſſeau *la Bretagne* : *la Nymphe* marche trop mal pour croiſer avec cette diviſion, & n'eſt tout au plus bonne qu'à convoyer; ſi elle joint l'eſcadre, je l'amenerai à Breſt; & dans le cas où je ne la joindrai pas, je mande au contre-amiral Secqville de lui donner l'ordre de s'y rendre, ainſi qu'à l'aviſo *l'Épervier*, que j'ai envoyé prendre ſous ſon eſcorte un petit convoi à Saint-Nazaire.

LA queſtion que je vous faiſois, citoyen miniſtre, ainſi que le général Landais, par nos dépêches du 9 au ſoir, me paroiſſoit aſſez importante pour me faire espérer que j'aurois reçu promptement des ordres à cet égard. Je ne sais à quoi attribuer votre silence sur une chose aussi essentielle que celle dont il s'agissoit dans nos lettres.

Signé MORARD-DE-GALLES.

A bord du Terrible, *sous voile, le 22 septembre 1793, l'an deuxième de la République, une & indivisible.*

CITOYEN MINISTRE,

J'AI eu l'honneur de vous rendre compte, le 19 au soir, que je me proposois de faire appareiller l'armée le lendemain matin; je fis avant le jour le signal de désafourcher, pour éviter une nouvelle insurrection, qui eût certainement eu lieu si j'avois attendu le jour, tant l'esprit de la plupart des équipages est exalté, & leur persistance pour entrer à Brest étant toujours la même. L'armée appareilla : à 10 heures, l'aviso *l'Épervier*, venant de Mindin, joignit, le capitaine Martin, commandant *l'Hermionne*, lui ayant dit qu'il se chargeoit d'escorter la flotte pour Brest.

A cinq heures après-midi, *la Nymphe* rallia l'armée, ayant à son bord le citoyen Trehouart, l'un des repréſentans du peuple près les ports de Breſt & de l'Orient, auxquels j'avois rendu compte des inſurrections qui ont eu lieu dans pluſieurs vaiſſeaux le 14 de ce mois, en les invitant à ſe tranſporter dans l'armée. Le citoyen Trehouart n'a pas perdu un inſtant pour s'y rendre.

JE ne vous cacherai point, citoyen miniſtre, avec quelle ſatisfaction j'ai vu l'arrivée de ce digne repréſentant du peuple français, bien aſſuré que ſa préſence pourroit ſeule rétablir l'ordre & la diſcipline dans l'armée. Il me donna ordre de la conduire au mouillage de Belle-Iſle, où elle a mouillé en totalité dans la matinée du 21. Je me rendis auſſi-tôt auprès de lui à bord de *la Nymphe*, d'où je l'accompagnai à bord du *Terrible*, où il fut ſalué à ſon arrivée de 21 coups de canon. Dans le trajet, il fut ſalué par quelques vaiſſeaux par les cris de *Vive la république*, tandis que d'autres crioient, *à Breſt*, *à Breſt.* Il convoqua les généraux & capitaines, auxquels, d'après ſes ordres, je communiquai votre dépêche du 16 de ce mois, qui m'étoit parvenue le 20 au ſoir, par laquelle vous m'ordonnez d'établir la croiſière de la totalité de l'armée, à 15 à 20 lieues au large des Saints.

APRÈS avoir reçu la déclaration qu'il avoit exigée de chacun des capitaines, tant ſur l'état de leurs vaiſſeaux, que ſur la quantité de bois & d'eau, & ſur ce qu'on pouvoit attendre de diſpoſition des équipages, & après avoir interpellé chacun d'eux de répondre aux différentes queſtions qu'il leur a faites, il a été reconnu unanimement qu'il étoit impoſſible d'exécuter vos ordres dans le moment, par les raiſons qui ſont déduites dans la copie du procès-verbal de la ſéance de ce conſeil, que je joins ici.

JUGEZ, citoyen ministre, du fond que l'on peut faire ſur le ſerment des équipages qui, au moment où ils venoient de réitérer celui de fidélité à la république, une & indiviſible, oublient la promesse qu'ils avoient faite par leurs députés, d'attendre vos ordres ſous voile avant de rentrer à Breſt; au moment même où le conſeil étoit aſſemblé, l'équipage de *la Côte-d'or* oſa ſe permettre de placer des ſentinelles à la sainte-barbe, à la foſſe-aux-lions, s'oppoſa à ce qu'il partît aucun canot de ce vaiſſeau qu'il n'ait pris une détermination. Un officier de ce vaiſſeau, à qui il a été enfin permis d'en ſortir, eſt venu rendre compte au général Landais de ce qui venoit de ſe paſſer, & que cet équipage rebelle avoit déterminé d'appareiller à 4 heures du matin : aujourd'hui avant le jour, avant que j'euſſe fait le ſignal de ſe préparer à mettre à la voile, ce vaiſſeau avoit ſes huniers hiſſés.

NOUS ne pouvons pas nous diſſimuler qu'il exiſte dans les vaiſſeaux des traîtres ſoudoyés par nos ennemis; nous avons quelques indices au moyens desquels nous parviendrons à les reconnoître.

En conséquence de la réquisition du citoyen représentant, j'ai fait appareiller l'armée de la république pour rentrer à Brest le plutôt possible.

Signé MORARD-DE-GALLES.

P. S. Le citoyen représentant venant de me dire qu'il vous adressoit une copie du procès-verbal de la séance du conseil tenu hier à bord du *Terrible*, je ne vous l'envoie pas, parce que je comptois sur une des copies qu'il a fait faire.

Adresse à la Convention nationale par les Marins composant la Flotte de l'Océan.

CITOYENS REPRÉSENTANS,

Les républicains composant les équipages de l'escadre aux ordres du vice-amiral le Gal, présentement mouillée à Quiberon, justement indignés de la perfidie des vils esclaves toulonnois, ont arrêté à la grande majorité, dans un conseil tenu à bord du général, de vous témoigner leurs craintes sur un semblable événement pour le port de Brest, le seul où nous puissions nous réfugier pour ſauver à la république le reſte de ſes vaiſſeaux.

Ils ont arrêté de plus, de vous faire connoître l'état de dénuement de la majeure partie deſdits vaiſſeaux ; pluſieurs, avariés dans leurs mâtures, ſont incapables de ſoutenir une ſuite de gros temps, qu'on eſt ſuſceptible d'eſſuyer dans l'équinoxe très-prochain ; preſque tous ſont infiniment affoiblis par les débarquemens ſucceſſifs d'une grande quantité de malades ; le ſcorbut fait de jour en jour des progrès plus conſidérables. La plupart des marins manquent abſolument de hardes. *Ils vous invitent auſſi à vous rappeler que nous pouvons être aſſaillis d'un moment à l'autre par des forces très-ſupérieures.* En conſéquence, ils penſent qu'il importe beaucoup pour la république, que vous envoyiez promptement l'ordre au commandant de cette force navale, de la conduire à Breſt auſſi-tôt que le temps le lui permettra. Fortement déterminés cependant de tenir la mer, & de ne rentrer qu'à la réception de l'ordre qu'en apportera indubitablement notre député, ſi toutefois le mauvais temps ou d'autres circonſtances que nous ne pouvons prévoir, ne viennent nous y contraindre avant cette époque.

Nous proteſtons que le ſeul intérêt public nous a porté à faire cette démarche ; que ce n'eſt ni la crainte de l'ennemi, avec lequel nous avons toujours manifeſté le plus grand deſir de nous meſurer, ni l'envie, comme quelques malveillans pourroient l'interpréter, de revoir une terre que nous n'avons pas, pour ainsi dire, perdue de vue.

L'AMOUR de la patrie, le bien général, sont les seuls motifs qui nous ont guidés.

NOS cœurs veritablement républicains, ne connoissent d'autre gloire que celle de mourir pour la défense de la République, une & indivisible.

FAIT & arrêté en conseil, le 15 septembre 1793, l'an deuxième de la République. *Signé*, Camus, député du *Trajan.* Roussel, député du vaisseau *l'Audacieux.* Vollet, *sergent.* Dubalen, député du vaisseau *l'Aquilon.* Verneuil, député du vaisseau *le Juste.* Favreaux, député de *l'Auguste.* Martin député du vaisseau *la Convention.* Jean Quilbœuf, député du vaisseau *le Superbe.* Jean Blondelle, député du *Terrible.* Prevost, grenadier, député du vaisseau *le Northumberland.* Antoine Chabriaque Conor, député de *la Côte-d'or.* Etienne Coupel. Dufresne, député du *Neptune.* Gilles-Nicolas Durand, député du *Téméraire.* Jourdan, député du *Tigre.* Julien Hervierre, député de *l'Engageante.* Sauvie, député du *Jean-Bart.* Antoine Chabriaque, député du *Suffren.* Pierre Bernard, député du vaisseau *la Révolution.* Mouzières, député de la fregate *la Galathée.* Bernardet. Enas. J. Dufourq, député du vaisseau *la Bretagne*, & pierre Thomas Pouchin.

Les généraux, capitaines & officiers présens à la lecture de l'adresse des députés des équipages, s'empreſſent de prononcer avec eux le ſerment de ſoutenir de tout leur pouvoir, l'unité & l'indiviſibilité de la République, & de mourir á leurs poſtes, pour ſa gloire & ſa proſpérité.

SIGNÉ, le contre-amiral Lelarge. Je ſouſſigne ce paragraphe, Pierre Landais, contre-amiral. Je ſouſſigne ce paragraphe, Morard-de-Galles. Joyeuſe. Terraſſon. Allemand. Charles Flotte. Tiphaigne. Coetnempren-les-Dourmant. Bouvet. Henry. Obet. Levigne. J.-F. Dorée. Thevenard, fils. D'Augierre. Richery. Dupleſſis-Grenedan. Tranquelleon.. Y.- Bertrand Keroguan. Thomas. Venſtabel. Kimel, aide-major de la marine. Lebourg, fils Lapalliſſe. F. Bazin.. Beſcond, lieutenant. Kanon. Bois-Sauveur. Langlois. Mongrai. Menage. Henry. Tiphaine. Labretêche. Y. Coquil. Bon Lameſt. Yames. Alero. Js. Fleury. Lecaen. Letorſec. Debec. Vignot. Henri Morel. Alluſſe. Ferantin. Giſquet. Serbatut. Juineur. Gaudin. Priſſet. Gillet, Noſten. D. Corroler. L. Pigeon. Raſſé, chef d'adminiſtration de l'armée. Bonnefous.

RELATION de la conduite tenue par les Chefs du vaiſſeau La Côte-d'or, *ainſi que celle de l'équipage, depuis ſon départ de Breſt, juſqu'à ce jour.*

NOUS partîmes de Breſt le 4 du mois de ſeptembre, & nous mouillâmes dans la baie de Quiberon, lieu dans lequel étoit l'eſcadre le 7 dudit mois. Juſques-là, nous ne deſirions rien autre choſe que de nous meſurer avec l'ennemi; mais qu'elle fut notre ſurpriſe, quand nous reçûmes la nouvelle de la trahiſon de Toulon! Tout l'équipage alors fut on ne peut plus affecté, & la conſternation fut à ſon comble. Des mouvemens convulſifs & d'indignation ſe faiſoient ſentir de toutes parts. *Il n'en étoit pas de même du lieutenant & du commis aux revues, qui témoignerent une joie des plus parfaites, à l'arrivée de cette nouvelle.* Cependant, après avoir réfléchi, nous nous dîmes tous les uns aux autres, que cette nouvelle pouvoit être fauſſe. Mais elle ne s'eſt que trop malheureuſement confirmée; & d'après la confirmation, les craintes, les méfiances & les ſoupçons, ſe ſont manifeſtés de toutes parts. Les matelots, le ſurlendemain, ſe ſont aſſemblés ſur le pont, à dix heures du matin. Après avoir vu ſept à huit vaiſſeaux de l'eſcadre hiſſer leurs huniers, ils se sont mis à hisser les nôtres. On en a instruit de suite le Général, qui, voyant leur démarche, sans employer les voies de douceur ou de conciliation, se mit à crier de suite: *le Détachement, aux armes.* Par cet acte véhément, il pouvoit occasionner les plus grands maux, & risquoit un massacre parmi l'équipage, pour satisfaire sa brutale colere. La Troupe, qui étoit endormie, à ce cri se réveille tout en sursaut, & accourt à la voix de son chef. Le Détachement étant sous les armes, on tira 50 hommes, & on leur fait charger; alors on fit déposer les armes dans la chambre du conseil, & on y mit un factionnaire: dans cet intervalle, trois matelots furent mis aux fers pour avoir levé la voix plus haut que les autres. L'équipage a rentré de suite dans l'ordre. La conduite du Détachement fut blâmée de toute l'escadre. On nous avoit substitué au nom de *la Côte-d'or* celui de *la Ferme* (vaisseau qui s'est émigré). Un second maître canonnier de notre bord fut voir un de nos camarades à bord de l'*Auguste*. Quand on sçut que c'étoit un canot de *la Côte-d'or*, on ne voulut point le laisser accoster, & on le menaça même de le f.... par le sabord, s'il y montoit. Instruit de la chose, le lendemain nous y allâmes en députation, pour déperfuader nos camarades des mauvais soupçons qu'ils avoient sur notre compte. Cela fait, nous revînmes à bord. Le même jour on fit aſſembler tout l'équipage ſur le gaillard d'arriere, & on leur dit qu'ils aient à nommer entre eux un député pour ſe rendre au conſeil qui ſe tiendra à bord du Commandant général de l'eſcadre. Ce même conſeil s'eſt tenu trois jours avant de délibérer (& dans cet intervalle aucune embarcation ne pouvoit accoſter le bord, excepté celles dans leſquelles il y avoit des officiers). Le troiſieme jour il a été délibéré qu'il partiroit trois députés, dont l'un iroit à Paris, & les deux autres à l'Orient, pour y trouver les Commiſſaires de la Convention, & s'ils ne s'y trouvoient pas, d'aller à Breſt, lieu dans lequel ils s'y ſeroient vraiſemblablement trouvés. Le citoyen Conor, député de *la Côte-d'or*, fut un de ceux nommés pour l'Orient ou Breſt. Ce même député partit ſans nous communiquer ſes pouvoirs, & nous avons reſté ſept jours ſans recevoir de ſes nouvelles. Dans cet intervalle, un ſergent, nommé Anedy, reçut une lettre de Breſt, dans laquelle on lui témoignoit beaucoup d'inquiétudes ſur notre eſcadre, & que nous avions des principaux chefs de notre corps deſtitués de leurs fonctions reſpectives, & mandés à la barre de la Convention. Jugez d'après cela quelle fut notre façon de penſer! La méfiance envers nos chefs, & les juſtes ſoupçons que nous devions avoir s'accroiſſent à chaque inſtant du jour, ayant toujours devant les yeux la trahiſon des généraux commandans l'escadre de Toulon, & celle des traîtres Toulonnois, que tous Républicains fidèles à leur serment doivent avoir en horreur.

NOUS avons alors manifesté notre opinion pour rentrer à Brest avant même la rentrée de nos députés, voyant tous les dangers de tenir la mer avec une escadre dont les principaux chefs étoient de cette caste qui avoit, par ses atroces perfidies, exposé la patrie aux plus éminens dangers : peut-être nous fait-on un crime de nous être communiqués nos opinions, & de nous être assemblés paisiblement. Mais n'est-il pas permis à tout citoyen de s'assembler, ainsi qu'il appert ci-après des droits imprescriptibles de l'homme, de l'acte constitutionnel.

Article VII. Le droit de manifester sa pensée & ses opinions, soit par la voie de la presse, soit de toute autre manière, le droit de s'assembler paisiblement, le libre exercice des cultes, ne peuvent être interdits.

LA nécessité d'énoncer ses droits suppose ou la présence ou le souvenir récent du despotisme.

Départ de la rade de Quibéron.

NOUS mîmes à la voile de Quiberon le 20 septembre : le même jour, dans l'après-dîné, vers les quatre heures, une frégate ayant pour signal pavillon carré à son mât de misaine, & un autre à ſa corne d'artimon, eſt entrée dans l'eſcadre, & a gouverné ſur le commandant. Quand elle fut à peu-près à portée de s'y faire entendre, elle amena ſon pavillon du mât de miſaine, & le hiſſa à ſon grand mât. Nous apprîmes par les ſignaux que c'étoient les députés de la convention : nous fûmes tous contens de voir parmi nous des repréſentans du peuple. Nous nous attendions à recevoir de bonnes nouvelles, ou des ordres émanés de la convention. Le lendemain, 21 dudit mois, nous mouillâmes à Belle-Iſle, & toute la journée ſe paſſa ſans nous communiquer la moindre choſe : de nouvelles craintes ſe ſont manifeſtées ; elles étoient l'effet naturel des violentes inquiétudes que nos chefs nous avoient inſpirées, & nous appréhendions que cette annonce d'un commiſſaire de la convention ne ſoit une feinte qu'ils eſſayoient pour pouvoir nous trahir avec plus de ſuccès. Alors, par un mouvement ſpontané, nous nous ſommes trouvés tous raſſemblés ſur le gaillard d'arrière, & là, nous nous communiquâmes nos opinions, & elles ſe trouvèrent toutes les mêmes pour notre rentrée à Breſt. *D'ailleurs, ſi ce mouvement étoit illégal, ne ſe trouveroit-il pas juſtifié par notre alarmante poſition ? Nous avions tout à craindre : notre union devoit nous ſauver, notre courage & notre patriotiſme, fortement prononcés, pouvoient ſeuls intimider ceux qui projettoient des trahiſons ; & je le demande à tout républi-*

cain : Si l'armée de Toulon, par un mouvement semblable, eût combattu & déjoué les projets de ses chefs; si alors on ne l'eût pas déclarée sauveur de la patrie?

QU'ON éloigne donc de nos armées, les nobles qui conspirent avec persévérance, qui ne se sont fait connoître que pour notre malheur commun ; qu'on les proscrive de la terre de la liberté; qu'ils portent dans d'autres contrées leurs systêmes perfides, leurs prétentions orgueilleuses ; alors l'armée combattra avec sécurité, l'ordre se maintiendra sans effort, & la patrie sera sauvée. Signé, J.-B.-J. BEAUSSARD, caporal à bord du vaisseau *la Côte-d'or.*

LIBERTÉ, ÉGALITÉ.

Déclaration du Citoyen LEBESGUE.

JE certifie qu'ayant été requis par les Représentans du peuple, de me transporter à Brest près d'eux, & après avoir pris connoissance du procès-verbal de la troisième section de la ville de Brest, qui porte que le citoyen Lebesgue, capitaine du commerce de la rivière de Nantes, avoit dit au citoyen Letartoué, enseigne non entretenu, qu'il étoit surpris de voir le citoyen Duplessis-Grénédan employé sur les vaisseaux de la République ; que lui, ayant été fait prisonnier par les rebelles lors

lors de la révolte qui éclata à la Roche-Bernard, avoit reconnu ledit Dupleſſis-Grénédan, qui lui avoit paru faire les fonctions de commandant en ſecond, & qu'il avoit pour chef le nommé Deſy, lieutenant de vaiſſeau, provenant du *Duguay-Trouin*, qu'il croyoit même que le paſſe-port qui lui avoit été délivré par les chefs des rebelles, avoit été ſigné par ledit Dupleſſis, mais il s'apperçut qu'il l'avoit laiſſé à Nantes. Interrogé moi-même devant les Repréſentans du peuple, je déclare qu'ayant été pourſuivi par les rebelles le 20 ou 21 mars, j'avois eu le bonheur de m'échapper; mais que pluſieurs perſonnes, & notamment le nommé Quiberon, matelot de la paroiſſe d'Ambon, diſtrict de Vannes, maintenant embarqué ſur le corſaire le *Beyſſer*, m'avoient aſſuré que le S^r. Dupleſſis-Grénédan étoit parmi les rebelles. Et je déclare de plus que je n'ai jamais eu de paſſe-port des chefs de cette armée.

A Breſt, le 21e. jour du 1er. mois de l'an 2e. de la République Françaiſe, une & indiviſible. *Signé*, LEBESGUE.

LIBERTÉ, ÉGALITÉ.

Déclaration du Citoyen HERBERT.

AYANT été appelé par les Repréſentans du peuple près les côtes de Breſt & l'Orient, & après avoir pris connoiſſance du procès-verbal de la 3ème. ſection de cette ville, je déclare que la Roche-Sauveur étant tombée au pouvoir des rebelles, le 15 mars, je fus obligé de prendre la fuite ; je rentrai dans notre ville le 18 du même mois; j'y ai vu, le 19, pendant tout le jour, le nommé Dupleſſis-Grénédan; que le 20 & jours ſuivans, ledit Dupleſſis s'abſenta, & qu'à ſon retour, vers le 24, il dit hautement dans la chapelle où ſe réuniſſoit le comité *dit* de ſurveillance; j'ai été à ma campagne, & ces rebelles m'ont forcé de marcher juſqu'au bourg de Thé, diſtant de deux lieues de Vannes. Je certifie en outre qu'il n'a pu obtenir du conſeil général de la commune dont je ſuis membre, un certificat de civiſme qui avoit été demandé pour lui par ſon pere.

A Breſt, le 21e. jour du 1er. mois de l'an 2e. de la République Françaiſe, une & indiviſible. *Signé*, Jn. HERBERT.

Je déclare en outre que le cachet de la municipalité fut pris par les rebelles, dans la journée du 15 mars dernier, sur le bureau, & qu'il ne s'est retrouvé que depuis un mois. Les jour & an que dessus. *Signé*, HERBERT.

COPIE du procès-verbal du conseil tenu à bord du vaisseau le Terrible.

AUJOURD'HUI vingt-un septembre, mil sept cent quatre-vingt-treize, l'an 2e. de la République, une & indivisible, les généraux & capitaines de l'armée, réunis en conseil pour délibérer en présence du citoyen TRÉHOUART, Représentant du peuple, sur la situation des différens vaisseaux & la fermentation qui s'est manifestée depuis quelques jours dans l'armée, & sur les suites qu'elle fait craindre, ont successivement émis les opinions suivantes, après avoir pris connoissance de la dépêche du ministre de la marine, en date du 16 septembre 1793.

LE capitaine Vanstabel, commandant le *Tigre*, déclare que son vaisseau peut tenir la mer un mois & demi; il se flatte que son équipage le secondera en obéissant aux ordres qu'il pourroit lui donner.

LE capitaine Thomas, commandant le *Northumberland*, déclare que son vaisseau peut tenir la mer un mois, il se flatte que son équipage le secondera en obéissant aux ordres qu'il pourroit lui donner; il lui manque quarante hommes pour le complet de l'équipage. *Signé*, Thomas.

Le capitaine Dorré, commandant le vaisseau le *Téméraire*, déclare n'avoir point à se plaindre de son équipage; mais il ne peut répondre de son obéissance, si l'on exigeoit que son vaisseau tienne encore la mer : il déclare en outre qu'il a aux hôpitaux cent dix-huit hommes, & qu'il craint d'avoir bientôt un plus grand nombre de malades, n'ayant pas cessé d'en avoir beaucoup. Il a pour un mois de vivres, & dix-huit jours d'eau. *Signé*, Y. F. Dorré.

Le capitaine Langlois, commandant le *Tourville*, déclare que, jusqu'au 14 septembre, jour auquel plusieurs vaisseaux ont hissé leurs huniers, il n'avoit point à se plaindre de son équipage, mais qu'à cette époque & depuis, il a formellement énoncé le desir, la nécessité même de la rentrée de l'armée à Brest, il a débarqué soixante & quinze malades ou gens manquans au complet; il a pour un mois de vivres, & douze jours d'eau & de bois. Le capitaine Langlois à ajouté que son équipage a manifesté du mécontentement de venir au mouillage, & a dit encore que son vaisseau, peu lesté, portoit mal la voile. *Signé*, Langlois.

Le capitaine Keranguen, commandant l'*Achille*, déclare avoir pour vingt-cinq jours de vivres; que son équipage s'est bien montré jusqu'au 14 septembre, mais que depuis ce tems il manifeste le desir le plus ardent, & avec un caractère d'effervescence de rentrer à Brest. Le 14 septembre, à l'imitation de plusieurs autres vaisseaux, il hissa les huniers. Aujourd'hui, en venant au mouilllage, il a crié fortement à plusieurs reprises, *à Brest*. S'il avoit plus de moyens de répression, il espéreroit ramener l'ordre à bord de son vaisseau. *Signé*, Y. Bertrand Keranguen.

Le capitaine Thiphaigne, commandant le *Neptune*, a déclaré avoir pour un mois de vivres, & de l'eau pour jusqu'au 5 octobre; son équipage paroît être dans de bonnes dispositions, à l'exception de quelques têtes incendiaires; qu'il lui manque quarante-quatre hommes au complet, & qu'il a dans ce moment cinquante-deux malades au poste, & cent scorbutiques dont il ne peut tirer qu'un foible service; il a ajouté que presque tout son équipage avoit besoin de hardes.

Signé TIPHAIGNE.

Le capitaine Henry, commandant *l'Aquilon*, a déclaré qu'il a maintenu jusqu'à ce jour son équipage dans l'obéissance aux loix; mais qu'il est affoibli par l'absence de soixante-quatorze hommes malades, ou déserteurs au départ, parmi lesquels se trouvèrent seize aides-canonniers; qu'il a trente-neuf hommes au poste, dangereusement malades, & en outre trente-deux scorbutiques à peine capables d'un foible service. Le capitaine Henry a ajouté que son vaisseau, ainsi qu'il l'a déjà déclaré, a sa lisse d'hourdie fortement lézardée & plusieurs barraux gersés & éclatés; il a pour un mois de vivres. Le capitaine Henry a déclaré avoir en dépôt environ deux cens barriques de vin qu'il ne peut délivrer qu'autant qu'on les lui remplaceroit par un poids équivalent.

Signé HENRY.

LE capitaine l'Evêque, commandant *l'Impétueux*, qui a rallié depuis le 10 septembre, a pour trois mois d'eau & de vivres; son équipage a été soumis jusqu'à ce jour, & il espère que le même esprit continuera de l'animer; il observe qu'il lui manque au complet, cinquante hommes, & qu'il a quarante malades attaqués de fievre & de flux de sang. Le capitaine l'Evêque observe encore que son eau étant faite dans le courant du mois de mai dernier, il a lieu de craindre que les barriques n'aient éprouvé du coulage, particulierement au premier plain.

Signé L'EVÊQUE.

LE capitaine Bouvet, commandant l'*Audacieux*, déclare qu'au dernier mouillage sous Belle-Isle, ſon équipage s'étoit refuſé à embarquer de l'eau, & avoit fortement crié : *à Breſt, à Breſt ;* que rappelé à l'ordre, il n'a point partagé, en totalité, le mouvement inſurrecteur qui a eu lieu le 14, mais qu'il craint qu'il n'imite à l'avenir un ſemblable mouvement, s'il le voyoit faire ; il lui manque cinquante-ſept hommes, & a beaucoup de ſcorbutiques ; il a pour un mois de vivres et douze jours d'eau & de bois : ſon vaiſſeau, très-léger, eſt peu en état de ſoutenir un coup de vent.

Signé BOUVET.

LE capitaine Coëtnempren, commandant *le Jean-Bart*, déclare avoir pour deux mois de vivres, deux mois d'eau ; ſon équipage eſt en ſanté, paroît bien diſpoſé, & il ne lui manque que trente-ſix hommes.

Signé COETNEMPREN.

LE capitaine Obet, commandant *le Suffren*, a déclaré avoir pour un mois de vivres & d'eau ; qu'il lui manquoit trente hommes ; qu'il avoit douze hommes dangereuſement malades, & trente ſcorbutiques ; il a ajouté que ſon équipage étoit dans la plus grande efferveſcence, ſur-tout depuis le mouillage de Quiberon, & a le premier hiſſé les huniers le 14 ſeptembre. Ce vaiſſeau tient la mer depuis le 8 avril, & ſon détachement eſt dénué de hardes, & demande, ainſi que l'équipage, à aller à Breſt. *Signé* OBET.

LE capitaine Bonnefous, commandant le *Terrible*, a déclaré avoir pour un mois de vivres, de l'eau jusqu'au premier octobre; que l'équipage avoit été paisible jusqu'au 14 septembre, mais qu'il a partagé l'effervescence qui s'est manifestée dans différens vaisseaux de l'armée, & a annoncé le plus ardent desir de rentrer à Brest; aujourd'hui, en venant au mouillage, ce desir s'est manifesté de nouveau. Le capitaine a rendu hommage au zele du détachement du Calvados, qui s'est empressé le quatorze de jurer obéissance & fidélité aux loix & aux ordres du général, il ajoute qu'il manque quarante-cinq hommes au complet. *Signé*, Bonnefous.

LE capitaine Bruix, commandant l'*Indomptable*, a déclaré avoir un mois de vivres, vingt-cinq jours d'eau, & dix-huit jours de bois. Antérieurement à l'effervescence qui s'est manifestée dans l'armée, il avoit été très-satisfait de son équipage, & étoit assuré de toute sa confiance, il espère même l'avoir aujourd'hui, quoiqu'il soit certain que des malveillans ont voulu la lui faire perdre; il déclare formellement au Représentant du peuple, que le treize après-midi, *des officiers du* Tourville, *sont venus à bord de son vaisseau présenter aux officiers une pétition tendante à forcer la rentrée*

Déclaration relative à *Clément*, Enseigne du vaisseau le *Tourville*.

de l'armée à Brest ; que ceux-ci ont refusé de la signer, en déclarant que leur devoir étoit l'obéissance.

Déclaration relative à *Jean Morel*, matelot du vaisseau le *Tourville.*

Le capitaine Bruix a ajouté que pendant le séjour des officiers du *Tourville* à bord de l'*Indomptable*, une députation de la *Bretagne*, lisoit à l'équipage assemblé, un projet d'adresse à la Convention nationale, pour lui exprimer l'indignation des marins en apprenant l'horrible trahison des Toulonnois, & leur vœu de mourir fidèles à la République : au milieu des applaudissemens, un homme du *Tourville*, qu'on lui a dit s'appeler *Morel*, s'est écrié : il ne faut pas parler de cela, allons *à Brest*, *à Brest*, c'est-là qu'il faut aller, je connois plus de quarante *Aristocrates* dans l'armée, qui veulent la livrer.

Déclaration relative à *Clément.*

Ces cris ne produisirent aucun effet, l'équipage y répondit par des huées de mépris ; *je déclare encore que parmi les officiers du* Tourville, *étoit le citoyen* Clément *& le citoyen* Prisset, *officiers*, le premier du *Tourville*, & le second de la *Convention*, & qu'il a consigné dans son journal tous les faits relatifs à cet événement. Le capitaine Bruix, continuant sa déclaration, ajoute que le 14, son équipage fut tranquille, & désaprouva l'acte d'insurrection qui avoit eu lieu à bord de plusieurs vaisseaux; que le quinze au soir, un canot du *Tourville*, passant auprès de l'*Indomptable*, cria à plusieurs reprises à l'équipage de ce vaisseau: *vous êtes des J. F., vous n'avez pas hissé les huniers parce que votre capitaine vous a donné une double ration*; ce que le capitaine Bruix dément formellement ici, ne voulant les engager à faire leur devoir que par son exemple & par son desir de bien servir sa Patrie: enfin le 16 au matin, lui étant malade & couché, le petit hunier a été hissé sans ordre & malgré l'opposition des officiers de garde; qu'averti de cet événement, & s'étant rendu sur le pont, tout mouvement avoit cessé, & le plus grand silence avoit régné parmi l'équipage; qu'ayant demandé quel étoit le motif & le but de ce mouvement, personne n'avoit répondu, & qu'après avoir blâmé cette conduite, il leur ordonna d'amener le petit hunier, ce qui fut exécuté. Le capitaine

Bruix rend hommage à la conduite des canonniers, de la garnifon & de la tête de fon équipage, qui témoignèrent une douleur profonde de ce qui venoit de fe paffer.

Il a terminé, en annonçant qu'il lui manquoit au complet cinquante-neuf hommes, que beaucoup font fans hardes, furtout le détachement. *Signé*, E. Bruix.

Le capitaine Richery, commandant *la Bretagne*, a déclaré avoir pour un mois de vivres, de l'eau & du bois jufqu'au deux octobre; qu'il manque cent neuf hommes au complet; qu'il a quarante-cinq malades, dont vingt-huit dangereufement, & en outre cinquante fcorbutiques, incapables d'un fervice un peu pénible. Le capitaine Richery ajoute que l'équipage paroît dans de bonnes difpofitions; que le 14 il n'a cédé que quelques inftans aux mouvemens qui avoient été imprimés à plufieurs vaiffeaux; il fe loue des canonniers, des timonniers, du détachement, & d'une partie des matelots. Signé Richery.

Le capitaine Labatut, commandant *la Convention*, déclare avoir pour plus d'un mois de vivres, de l'eau & du bois jufqu'au trois octobre; qu'il n'eft pas affuré de l'obéiffance de fon équipage, qui le 14 a hiffé les huniers & a paru avoir le plus violent defir de retourner à Breft;

il a cependant paru tranquille depuis l'aſſemblée qui a eu lieu à bord du *Terrible*; il penſe que la majorité ne partage point l'effervefcence du reſte, mais laiſſe faire. Le capitaine Labatut ajoute qu'il a appris que le 13 le maître d'équipage du vaiſſeau *la Convention* étant à bord du *Tourville*, la été appelé & introduit dans la chambre d'un officier, qu'on lui a fait lecture d'une pétition tendante à faire rentrer l'eſcadre à Breſt, & qu'il s'étoit conſtamment refuſé à la ſigner, diſant qu'il ne le feroit qu'à ſon bord, quand il en auroit eu l'exemple de ſon capitaine & de l'état-major de ſon vaiſſeau. Le maître d'équipage a dit que parmi les officiers qui ſe trouvoient dans la chambre où il a été introduit, il a reconnu le citoyen Priſſet, officier de *la Convention*. Signé, LABATUT.

LE capitaine Dupleſſis-Grénédan, commandant *la Côte-d'or*, a déclaré que ce vaiſſeau avoit pour trois mois & demi de vivres, deux mois & vingt jours d'eau; que l'eſprit de l'équipage étoit fortement prononcé pour retourner à Breſt; que le 14, les matelots ayant voulu hiſſer les huniers, en furent empêchés par le détachement & les canonniers qui prirent les armes; mais que depuis cette époque, ces militaires ayant dû être travaillés, ont adhéré au vœu du reſte de l'équipage, dont la totalité eſt très-effervefcente; qu'en outre les ſoldats de Marine ont rédigé une opinion fondée, disent-ils, sur une lettre venue de Brest, qui annonce la destitution des chefs.

Signé, DUPLESSIS-GRENEDAN.

LE capitaine Tranquelleon, commandant la *Révolution*, a déclaré avoir pour un mois de vivres, outre un dépôt qui lui a été donné pour lest, en vin, salaisons & biscuit, dix-huit jours d'eau & de bois; il a ajouté que jusqu'à la première relâche de Belle-Isle, l'équipage avoit été entièrement obéissant à ses ordres; qu'à cette époque, il se manifesta quelques mouvemens qui n'eurent pas de suite; mais que le 14 septembre, voyant hisser les huniers à bord de plusieurs vaisseaux, les hissa aussi, malgré ses ordres & ses exhortations pressantes. Il a déclaré encore, que voyant le général dans un canot, il a été à sa rencontre, quoique malade, lui rendre compte de l'événement qui avoit eu lieu à bord de *la Révolution*; mais que le général lui ayant dit de retourner à son poste, il étoit revenu à son bord, où il avoit fait prendre les armes au détachement, & avoit annoncé à l'équipage qu'il étoit prêt à périr plutôt que de les voir appareiller le vaisseau; qu'il avoit ordonné à deux officiers d'amener le petit hunier, ce qu'ils avoient exécuté sans opposition, les esprits s'étant calmés, & que lui, accompagné d'un autre officier, avoit amené le grand hunier. Il a remarqué dans son épuipage pluſieurs individus fermes à leur devoir, mais qu'il ne peut répondre de la grande majorité, d'après l'événement ci-deſſus, & la certitude où il eſt, que des agitateurs travaillent les équipages. Le capitaine Tranquelleon, a encore déclaré qu'il lui manquoit environ ſoixante hommes, & qu'il avoit quarante malades fievreux & ſcorbutiques ; l'équipage eſt denué de hardes.

Le capitaine Tranquelleon, ajoute encore que le 14, étant au conſeil à bord du *Terrible*, les officiers du *Tourville* ont été à bord de la *Révolution*, lire à l'équipage une pétition tendante à rentrer à Breſt ſur le champ ; que les officiers de ce vaiſſeau, à qui elle a été préſentée à ſigner, s'y ſont refuſés, en déclarant qu'ils ne connoiſſoient que leurs devoirs. Ils ignorent le nom de cet officier.

Signé, TRANQUELLEON.

Le capitaine Bois-Sauveur, commandant *le Superbe*, a déclaré avoir des vivres, de l'eau & du bois juſqu'au huit octobre ; qu'il lui manque cinquante-cinq hommes au complet, qu'il a vingt-deux malades à débarquer, & pluſieurs ſcorbutiques ; que depuis le 8 avril, juſqu'au 14 ſeptembre, il avoit été très-ſatisfait de ſon équipage, mais que ce jour il a partagé l'erreur de pluſieurs vaiſſeaux, en hiſſant le petit hunier à deux repriſes différentes, quoiqu'il l'eût fait amener la première fois. Depuis cette époque, il n'a pas ceſſé de manifester son desir de retourner à Brest, d'après la réponse de la convention à l'adresse qui lui a été envoyée par les députés des équipages.

Il déclare en outre, avoir eu connoissance d'une pétition envoyée à bord du *Superbe*, & communiquée aux officiers de l'état-major, que l'un d'eux lui a présentée, & qu'il la vue signée de différentes personnes, dont les noms ne lui sont pas connus. Un de ces officiers lui dit que cette pétition venoit du *Tourville*, tendante à demander à la convention la rentrée de l'escadre ; pour toute réponse il leur dit que cette pétition devoit être présentée au général de-Galles, & se retira sans savoir si elle a été signée par quelqu'un de son bord.

Signé, BOIS-SAUVEUR.

LE capitaine Joyeuse, commandant *le Trajan*, a déclaré avoir des vivres, de l'eau & du bois pour vingt-cinq jours, soixante-dix hommes manquant au complet, & en outre cent scorbutiques ; que son vaisseau fait de l'eau & nécessite le jeu de la pompe deux fois par jour ; que son grand mât avarié, le met hors d'état de soutenir une suite de gros temps, que même il pourroit tomber dans un tangage. Il déclare encore qu'il est infiniment satisfait du zele & de la bonne conduite de l'équipage, quoiqu'il soit très-fatigué, tenant la mer depuis le six avril ; mais qu'il lui a annoncé que toujours difpofé à fuivre fes ordres, il efpère que rentré à Breft, il lui fera permis de fe repofer trois mois, les peines inféparables d'une carrière auffi active, lui donnant des droits à cette faveur.

Signé, JOYEUSE.

LE capitaine Terraffon, commandant *le Jufte*, a déclaré avoir généralement des vivres jufqu'au 8 octobre, de l'eau & du bois pour douze jours, foixante-dix hommes manquant au complet, treize fur les cadres, & vingt fcorbutiques. Il a déclaré encore que fon équipage, tranquille jufqu'au 14 feptembre, avoit été affez effervefcent depuis cette époque, & avoit fortement manifefté le defir de retourner à Breft; qu'aujourd'hui même, il avoit vu avec peine l'armée venir au mouillage, & avoit marqué beaucoup de mauvaife volonté pour ferrer les voiles; que le détachement qui s'étoit d'abord montré fidèle à fes devoirs, fuit aujourd'hui le mouvement du refte de l'épuipage, ce qui lui prouve que des malveillans fement le défordre à fon bord, comme à bord de plufieurs autres vaiffeaux. Il a ajouté que fon grand mât étoit arqué, & que fa hune de mifaine étoit un peu avariée.

Signé, TERRASSON.

LE contre-Amiral Kerguelen, commandant *L'Augufte*, a pour environ vingt-cinq jours de vivres & d'eau. Il lui manque foixante-dix hommes au complet, complét, il a cinquante malades au poste, & autant de scorbutiques; la tête de son mât de misaine & sa hune avariées, le mettent hors d'état de soutenir sans danger un gros temps. Le général Kerguelen a déclaré que son équipage est extrêmement difficile pour les vivres, & extrêmement effervescent, ayant manifesté depuis long-temps le desir de rentrer à Brest; que le 14 septembre, il a hissé les huniers, & n'a voulu les amener que lorsque le vice-amiral a joint ses ordres & ses instances à celles qu'il leur avoit déjà fait entendre. Depuis cette époque, l'esprit de l'équipage n'a pas changé; il manifeste toujours fortement le desir de rentrer à Brest.

Le général Kguelen déclare en outre, que le 14 septembre, pendant qu'il étoit au conseil, un individu du *Tourville*, qu'il croit être un officier, a porté à son bord une sommation à adresser au général, pour faire rentrer l'armée à Brest sur le champ, & qu'il en a fait part au capitaine du *Tourville*, & lui en a témoigné sa surprise.

Signé, KGUELEN.

Les capitaines des frégates *l'Engageante*, *la Galathée*, *la Sémillante* & *la Nimphe*, ont déclaré être prêts à tenir la mer, ainsi que leurs équipages.

Le capitaine de l'*Épervier* a annoncé n'avoir que pour douze jours d'eau & de vivres.

Le capitaine Dordelin a cependant annoncé

que la *Nimphe* fatiguoit beaucoup, & faiſoit de l'eau.

Signé, DORDELIN, CHARLES FLOTTE, BOULAINEL, LA BRETÈCHE & HEMERY.

APRÈS l'énoncé de ces diverſes opinions ſur la ſituation des vaiſſeaux & des équipages, le citoyen Tréhouart, repréſentant du peuple près les Ports de Breſt & de l'Orient, a propoſé au conſeil les queſtions ſuivantes;

1°. Eſt-il poſſible, avec l'eau que l'on a actuellement dans l'eſcadre, de ſe rendre de ſuite ſur la croiſière indiquée par le miniſtre de la Marine?

2°. S'il n'y a pas aſſez d'eau à bord des vaiſſeaux pour ſe rendre ſur la croiſière indiquée, combien faudroit-il de temps pour s'en procurer?

3°. Seroit-il neceſſaire de mettre les malades à terre avant d'aller au combat? les équipages, dans ce cas, ſeroient-ils trop affoiblis?

4°. L'eſprit d'inſubordination qui s'eſt manifeſté parmi les équipages de différens vaiſſeaux, & leur vœu pluſieurs fois prononcé avec efferveſcence de rentrer à Breſt, laiſſent-ils eſpérer que, rendus à la diſcipline, ils ſuivront, en vrais Républicains, les ordres du miniſtre de la Marine pour entreprendre une nouvelle croiſière?

5°. Quelle eſt la cauſe qui a pu produire l'inſurrection coupable qui a ſurtout éclaté le 14 ſeptembre ?

6°. Les différens beſoins de l'armée, la ſaiſon, l'eſprit d'inſubordination des équipages, permettent-ils de faire voile ſans délai pour la croiſiere indiquée ?

7°. Enfin, le ſalut de l'armée de la République exige-t-il impérieuſement qu'elle relâche à Breſt avant de reprendre la mer ?

Les généraux & capitaines répondent, collectivement & après un mur examen, aux queſtions du citoyen Tréhouart, de la maniere ſuivante :

A la premiere. Non.

A la deuxieme. La quantité d'eau néceſſaire à quatorze vaiſſeaux, retiendroit l'armée au mouillage plus de trois ſemaines, & conſéquemment lui rendroit impoſſible l'expédition que lui preſcrit le miniſtre de la Marine; cette impoſſibilité ſeroit encore accrue par la conſommation des vivres qu'il faudroit remplacer.

A la troiſième. Il eſt néceſſaire de débarquer les malades qui, un jour de combat, embarraſſent extrêmement le poſte deſtiné aux bleſſés.

Un débarquement de malades, ſans remplacement, affoibliroit encore des équipages incomplets.

A la quatrième. Depuis le 14 ſeptembre, le vœu fortement prononcé des équipages a été de rentrer à breſt ; les généraux & capitaines croient impoſſible de les rendre actuellement à la diſcipline, & dans l'inſtant même un officier de la *Côte-d'or*, vient annoncer au général qu'un ſoulevement ſe manifeſte à bord de ce vaiſſeau, & que l'équipage, après avoir formellement annoncé qu'il veut mettre à la voile à la pointe du jour, a placé une ſentinelle à la porte de la Sainte-Barbe & à l'entrée de la foſſe-aux-lions.

A la cinquième. L'on ne ſauroit déterminer préciſément la cauſe de cette funeſte inſurrection; mais l'on ne peut douter que des malveillans n'aient ſemé le trouble; que pluſieurs vaiſſeaux plus effervefcens, n'aient contribué à propager les inquiétudes & le déſordre qui dans ce moment s'eſt prodigieuſement augmenté, & paroît s'accroître encore.

A la ſixième. Non.

A la ſeptième. Les généraux & capitaines profondément affligés des maux qui déſolent l'armée navale de la République, & voulant la ſauver, déclarent qu'ils ne peuvent eſpérer de parvenir à cet heureux réſultat, ſi elle fait route au plutôt pour entrer à Breſt.

Fait à bord du vaiſſeau le *Terrible*, le 21

ſeptembre 1793, l'an 2e de la République, une & indiviſible. *Signé*, VANSTABEL, THOMAS, DORRÉ, LANGLOIS, BERTRAND KANGUEN, TIPHAIGNE, HENRY, L'EVESQUE, BOUVET, COETNEMPREN, OBET, BONNEFOUS, BRUIX, RICHERY, LABATUT, DUPLESSIS-GRÉNÉDAN, BOIS-SAUVEUR, JOYEUSE, TERRASSON, KGUELEN. LELARGE, LANDAIS, TRENQUELLEON & MORARD-DE-GALLES.

LES généraux & capitaines de l'armée navale de la République françaiſe, ayant unanimement reconnu que le ſalut de l'eſcadre dépendoit eſſentiellement de ſa prompte rentrée à Breſt, & qu'ils ne trouvoient de poſſibilité d'exécuter pour l'inſtant les ordres du miniſtre de la marine, ſans compromettre les forces qui leur ſont confiées ; le vice-amiral MORARD-DE-GALLES, commandant l'eſcadre, voudra bien prendre toutes les diſpoſitions pour entrer à Breſt, dans le plus court délai, & rendra compte de cette meſure au comité de ſalut public & au miniſtre de la marine.

A bord du vaiſſeau le *Terrible*, en rade du Palais, le 21 Septembre 1793, l'an 2e. de la République, une & indiviſible.

Les Repréſentans du peuple, près des Ports de Breſt & de l'Orient.

CITOYENS REPRÉSENTANS,

IL y a huit jours environ que je déposai entre les mains d'un de vos collégues (le citoyen Tréhouart), les faits que je dépose aujourd'hui dans les vôtres, alors je le fis de vive voix, il m'ordonna de le faire par écrit; je promis, & je vais obéir: son absence a produit mon retard, j'attendois son retour; mais les circonstances me font loi, & je dois parler. Citoyens Représentans, mon vaisseau va partir, c'est le bruit général, &, je vous le déclare, j'aimerois presque autant subir la peine de mort, que de retomber une seconde fois sous le commandement d'un être tel que mon capitaine.

JE suis patriote, je n'ai pas cessé de l'être; je suis républicain, j'en ai des preuves bien convaincantes à vous donner. Avec cela, Citoyens Représentans, & un rapport exact des griefs que j'ai contre lui, vous concevrez aisément ce que j'ai dû souffrir pendant sept mois qu'il y a tout à l'heure que je suis sous les ordres d'un tel homme, d'un ennemi déclaré de la république, d'un partisan de l'ancien régime, du tyran des vrais sans-culottes qui ont eu le malheur de tomber sous sa domination; enfin du protecteur décidé de ceux qui, comme lui, ont servi le ci-devant Roi, & le persécuteur de ceux qui ont au contraire servi l'état, en servant le commerce.

Je ne chercherai pas, Citoyens Repréſentans, à faire des phraſes ; le menſonge & la flatterie ont beſoin de diſcours empoulés, la franchiſe d'un vrai républicain ne connoît que la droiture & la ſimplicité.

Je vous dirai donc qu'il y a ſept mois, le vingt-ſept de celui-ci, que je me préſentai moi-même, & de bonne volonté, pour m'embarquer ſur le vaiſſeau le *Jean-Bart*, en qualité de chef de timonnerie, ignorant encore les droits que j'avois par la loi du 6 février dernier, d'être embarqué en qualité d'enſeigne. Je croyois le capitaine ce qu'il n'étoit pas, un bon patriote ; la figure qu'il porte me fit voir en lui un homme tel que je les voudrois tous, un brave homme, un homme de tête, en un mot, un grand ennemi des ennemis de l'état. Mais comme j'étois dans l'erreur, & comme je me ſuis repenti depuis de mon aveugle crédulité, puiſque je n'ai trouvé en lui qu'une ame vile & intéreſſée, qu'un flatteur, qui, de toute la campagne n'a pas ceſſé d'eſſayer de ſe faire un parti dans l'équipage, en lui donnant des permiſſions de s'abſenter contre les principes de la loi, en fermant les yeux ſur leurs écarts dans le ſervice, & par conſéquent en autoriſant un vice dangereux pour l'état, enſuite en moleſtant ſes officiers de la manière la plus aviliſſante, & en contrecarrant tous leurs efforts pour le bien du ſervice.

Je me réſume donc, Citoyens Repréſentans,

& je dénonce : 1°. le refus qu'il a fait plusieurs fois au second, de faire faire l'exercice du canon; je l'accuse, pendant environ un mois de relâche dans la baie de Quiberon, de n'avoir pas fait faire l'exercice du canon plus de six à sept fois; je l'accuse de l'avoir refusé sur-tout à la sollicitation de l'équipage assemblé sur le gaillard D'après la proposition du capitaine Guerin, commandant le détachement, on demanda que l'exercice du canon se fit tous les jours; il dit que oui, & on ne l'a pas fait seulement une fois jusqu'à notre arrivée à Brest, & il y avoit plus de quinze jours de cela. Ici même en rade, suivant ce que l'on dit, l'on n'a fait à bord l'exercice que deux ou trois fois, depuis trois semaines que ce vaisseau est mouillé.

Je l'accuse dans la relâche que nous avons faite à l'Orient, qui a été de cinquante jours, & qui ne devoit pas durer trente, d'avoir souffert pendant tout ce temps, que le vaisseau restât presque sans équipage à bord, & que l'ouvrage a souffert le plus grand délai par sa faute; je l'accuse de n'avoir fait aucun mouvement pour empêcher ce désordre, puisqu'au contraire il a blâmé la démarche qu'un autre officier & moi avons fait auprès de la municipalité de l'Orient, pour requérir des patrouilles, afin de ramener à bord nos matelots qui se promenoient, tandis que le vaisseau regorgeoit d'ouvrage. Nous ne faisons en cela que remplir les ordres que nous avions reçus du second; aussi eſt-ce lui qui a eſſuyé tout le feu de ſon reſſentiment.

JE l'accuſe d'avoir donné le lendemain un congé à un matelot, pour aller à Sainte-Anne. La municipalité devant qui fut conduit cet homme, frémit à la vue de cette permiſſion ſignée de lui, mais elle étouffa ſon indignation.

JE l'accuſe d'avoir, dans cette même relâche, vomi des horreurs contre la convention nationale, cela dans la chambre de conſeil, tenant en main les papiers publics, en préſence de pluſieurs officiers.

JE l'accuſe de m'avoir, ainſi qu'à preſque tous mes camarades, fait un crime de porter le plumet tricolor, & de nous avoir dit que s'il étoit commandant des armes, il nous le feroit bien mettre bas.

JE l'accuſe, lors de notre départ, d'avoir fait débarquer toute ſon argenterie, une partie de ſon linge, ſa bibliotheque & la moitié de ſa vaiſſelle. Nous ſortions pour aller rejoindre l'armée qui étoit alors en préſence de l'ennemi, & je dois le dire, ces mouvemens m'ont paru ſuſpects.

JE l'accuſe d'avoir dit dans le même temps, que ſi ſa famille étoit à la nouvelle Angleterre, il ne ſeroit pas embarraſſé ſur le parti qu'il auroit à prendre.

JE l'accuſe de m'avoir dit à moi-même, en préſence de pluſieurs perſonnes, dans la galerie, que les clubiſtes étoient des ſcélérats, des gueux qui avoient perdu la France.

Je l'accuſe d'avoir encore dit, à bord d'un des vaiſſeaux de l'armée, qu'il aimeroit mieux le titre de ſous-lieutenant de l'ancien régime avec ſes 800 liv., que le grade de capitaine de vaiſſeau dans celui-ci. Je ne l'ai pas entendu dire, mais je nommerai à bord de quel bâtiment, & les perſonnes qui me l'ont rapporté.

Je l'accuſe d'avoir encore trahi la confiance du miniſtre; d'avoir manqué au devoir d'honnête homme, celui de la juſtice, en ne rendant compte que de trois de ſes officiers lorſque le miniſtre lui demandoit des notes pour tous ceux qui ſervoient ſous ſes ordres; je l'accuſe de partialité, pour avoir demandé de l'avancement pour une partie, & pour avoir plongé l'autre dans l'oubli, par pure haine. Je demande qu'il ſoit tenu de faire connoître les motifs qui l'ont porté à refuſer de bonnes notes à trois officiers dont il n'a pas parlé, & dont je ſuis du nombre, tous trois embarqués ſur des ordres du commandant des armes, & tous trois provenus de la Marine marchande, raiſon bien forte pour ne pas mériter ſon ſuffrage.

Je demande donc qu'il ſoit tenu de déclarer, ſi c'eſt à défaut de connoiſſances, ou par cauſe d'inciviſme, ou enfin par mauvaiſe conduite, mutinerie ou refus dans le ſervice, que ces officiers ont mérité de ſa part un ſi grand châtiment.

QUANT à moi, Citoyens Repréſentans, je ne crains pas l'examen de ma conduite, depuis que je ſuis à bord du vaiſſeau *le Jean-Bart*. Je deſire au contraire que l'on examine celle que j'ai tenue depuis le commencement de la révolution, même depuis que j'ai atteint l'âge de raiſon; elle ne peut me faire que beaucoup d'honneur.

DEPUIS 1791, le 30 mai, que je ſuis arrivé de l'Inde, j'ai conſtamment ſervi la révolution, j'y ſuis toujours attaché, & mes principes ne varieront jamais. Il y a dix-huit mois, qu'ici, à Breſt, je combattois les *ariſtocrates* le piſtolet à la main. Je ne m'avilirai plus à le faire; je les livrerai à la ſévérité des loix. Toujours trop foible pour des traîtres, je craindrois de trouver encore parmi ces ſcélérats, des lâches qui ſe mettroient à genoux au milieu de la boue, pour demander grace.

VOILA, Citoyens Repréſentans, les motifs aſſez puiſſants de ma répugnance à ſervir ſous les ordres d'un tel homme, qui me perdroit tôt ou tard, ſi je reſtois plus long-temps ſous ſa dépendance. Accordez-moi donc, je vous le demande en grace, mon débarquement. Faites-moi paſſer ſur un autre bâtiment, tel qu'il ſoit, pourvu que le Capitaine ſoit un franc Républicain. Car il ne faut pas ſe le diſſimuler, Citoyens Repréſentans, la religion des chefs influe beaucoup ſur l'eſprit des autres.

Je compte donc ſur votre juſtice,& me repoſe ſur vous, pour le ſoin d'éclaircir vivement cette affaire. Selon moi, j'ai rempli mon devoir: beaucoup de perſonnes pourront m'en blâmer; mais tranquille, par habitude, au milieu de l'orage, je ferai voir aux mécontens juſqu'où peut aller la fermeté d'un RÉPUBLICAIN.

Brest, le 30eme. jour de l'an ſecond de la République françaiſe.

N. B. La ſignature eſt ſupprimée, mais elle exiſte à l'original dépoſé entre nos mains.

BRÉARD, JEAN-BON-SAINT-ANDRÉ.

Extrait d'un Mémoire remis par le contre-amiral Landais aux Repréſentans du Peuple près les Ports de Breſt & de l'Orient, & ſigné par lui.

Le major de la marine, Delmotte, nomma pour *la Côte-d'or* un enſeigne nommé Beſſon, qui avoit déjà été débarqué, pour cauſes, ſucceſſivement de pluſieurs bâtimens. Venu à bord, il fut envoyé à l'inſtant que nous devions appareiller, il avoit, m'a-t-on dit, ſervi ſous le major Delmotte, il fut appuyé par le capitaine Duplessis-Grénédan, qui me le recommanda pour mettre dans la majorité & même en chef. J'eus la bonhommie de l'y admettre en second; il étoit déjà initié dans les comités entre le capitaine Duplessis-Grénédan, le lieutenant Guignace, le sous-chef d'administration Deverneuil, qui se tenoient quelquefois dans la chambre du lieutenant Guignace, mais plus fréquemment dans celle du capitaine, où le chef de timonnerie étoit aussi admis quelquefois, lorsque je reçus la lettre suivante :

CITOYEN-GÉNÉRAL,

GÉNÉRAL-CITOYEN, l'attachement que j'ai pour tous les Républicains, & pour vous particulièrement : je vous demande qu'un enseigne de vaisseau qui vous a été donné ces jours derniers, qui a été chassé de *la Proserpine*, du *Sans-pareil*, le soit de votre bord, comme un insigne royaliste ; craignez plus que jamais une insurrection ; cet homme ne prêche que l'anéantissement de la république, & vous pouvez compter qu'il vous fera échouer. Je dis plus, général, c'est un piége qu'on vous tend. Croyez-moi pour la vie avec la fidélité d'un franc républicain. J'omets la signature & le lieu d'où me vint cette lettre, mais je la ferai voir s'il est nécessaire aux commissaires représentans du peuple français.

(ET par *P. S.*) J'ignore le nom de l'officier;

mais c'eſt un petit homme, les cheveux en rond & noirs, pariſien. *Le 8 août 1793, l'an deuxième de la République.*

Je fis venir l'enſeigne Beſſon dans la chambre de conſeil, en particulier ; je lui fis des queſtions auxquelles il ne s'attendoit pas, & malgré ſon effronterie, il me déclara par pluſieurs repriſes que le général Flotte lui avoit bien dit qu'il ſeroit dénoncé. : il me dit auſſi qu'il avoit été débarqué de la Frégate la *Proſerpine*, parce qu'il étoit de garde lorſque l'équipage s'étoit ameuté & ligué pour exiger ſes parts de priſes. J'ai auſſi un certificat des officiers du *Sans-pareil* contre lui.

Le major Delmotte nomma pour la *Côte-d'or* & me recommanda pour les ſignaux l'enſeigne Varroc *, lequel je n'ai pas jugé à propos d'adjoindre à l'officier chargé de cette partie ; mais il s'eſt introduit de façon ou d'autre dans les comités du capitaine, du lieutenant en pied & du ſous-chef d'adminiſtration.

Lorſque je fis mes viſites, deux jours après mon arrivée à Quiberon, aux officiers généraux & capitaines de vaiſſeaux, je fus ſurpris, la faiſant au capitaine Joyeuſe, quand il me dit que le Capitaine Coatnamprun étoit deſcendu à l'iſle

* On le dit ci-devant.

de Quiberon, & là, à haute voix, devant beaucoup de monde, avoit divulgué le plan de l'expédition, & même le point de croisière prémédité être à cinquante lieues dans le nord-ouest de Finistère, & par conséquent que ce prétendu secret étoit public. Le capitaine Joyeuse ajouta que le vice-amiral lui avoit fait part de ce projet, mais qu'il n'en avoit parlé à personne.

Le sous-chef Deverneuil m'a dit après l'événement de ce matin arrivé, qu'on lui avoit dit qu'il étoit venu à deux heures après minuit un bateau du vaisseau *l'Auguste* à bord, & qu'il en étoit aussi venu du vaisseau *le Northumberland*, puisque trois de ses gens étoient à bord ce matin; de plus, il m'a dit que l'on avoit entendu dans la nuit, dans l'entre-pont, se parler & s'entretenir les gens de l'équipage, qu'ils alloient s'en retourner à Brest; il a aussi ajouté que les canonniers s'entretenoient des mêmes discours; je lui ai demandé comment il s'étoit trouvé levé aussi matin; il m'a répondu qu'il avoit passé la nuit à écrire dans sa chambre. Il m'a paru très-étonnant que le sous-chef ait eu connoissance pendant la nuit de ce projet de l'équipage & des canonniers, & qu'il ne soit venu m'en faire part qu'après que l'équipage s'étoit révolté pour le faire; j'avoue que cette conduite m'a paru suspecte dès-lors.

Vers la fin de la séance, le contre-amiral Lelarge a fait la motion que quand même le député

Conor trouveroit à l'Orient les deux commissaires de la convention auxquels il remettroit la pétition, il iroit jusqu'à Brest pour donner des nouvelles aux familles de ceux qui sont de l'escadre, & sa motion a passé quoiqu'elle m'ait paru insidieuse, parcequ'on pouvoit mettre les lettres à l'Orient à la poste, à moins d'avoir des dépêches suspectes, ce que je ne supposois pas.

Je remarquai que l'enseigne Varroc étoit constamment dans les comités du capitaine, lieutenant en pied & sous-chef d'administration, & de plus, que c'étoit lui qui étoit presque toujours l'officier envoyé à bord du *Terrible ;* & je soupçonnai qu'il y avoit une correspondance secrete, soit entre le capitaine Duplessis-Grénédan, avec le major Dogier, ou le capitaine Bonnefous, ou bien entre le sous-chef de *la Côte-d'or* & le commissaire de l'armée, & que l'enseigne Varroc en étoit porteur; je dis au capitaine Duplessis-Grénédan, que tous les enseignes devoient aller chacun à leur tour à bord du commandant.

Je dirai aussi que j'ai vu une partie des signaux que l'on a marqués dans les registres qui ont été faits à bord du commandant, auxquels nous n'avons pu rien comprendre, ce qui m'a fait penser qu'il y avoit des signaux particuliers entre quelqu'un d'à bord du commandant, & d'autres à bord des autres vaisseaux, ceci est relevé du registre des signaux faits a bord du commandant.

Le

Le 22 ſeptembre, à 6 heures du matin, deux flammes rouges au grand mât.---Le 23, à 9 heures & demie du matin, une flamme rouge.--- Le 25, à 9 heures, pavillon damier, ſans avoir vu aucuns bâtimens de l'armée faire des ſignaux.---. Le 27, à 3 heures & demie, pavillon œil de perdrix ſeul.--- *Idem*, le pavillon yack au mât de miſaine.- *Idem*, pavillon bleu au mât de miſaine (ce pavillon n'eſt pas dans la ſérie). Le 28, à 8 heures & demie, flamme rouge.

J'obſerverai de plus, que ſi à bord d'un commandant, on vouloit empêcher que les trois colonnes ſe formaſſent telles qu'elles doivent être, il ſeroit facile de le faire, & il n'y auroit que la colonne du commandant qui pourroit immédiatement le ſuivre, & ceux qui pourroient être avertis par des ſignaux particuliers; ce qui eſt facile à démontrer. *Signé*, au bas du mémoire original. *Le contre-amiral* LANDAIS.

A BREST,

De l'Imprimerie de R. MALASSIS.

www.ingramcontent.com/pod-product-compliance
Ingram Content Group UK Ltd.
Pitfield, Milton Keynes, MK11 3LW, UK
UKHW020344230726
13925UKWH00003B/952